Dados Internacionais de Catalogação na Publicação (CIP)
(Câmara Brasileira do Livro, SP, Brasil)

Resende, Enio
  Competência, sucesso, felicidade: um roteiro prático para desenvolver competências destinado a executivos, líderes em geral, intelectuais, pais, professores, estudantes, empresários, políticos e profissionais liberais / Enio Resende. São Paulo: Summus, 2008.

  Bibliografia.
  ISBN 978-85-323-0405-6

  1. Autodesenvolvimento 2. Auto-realização 3. Competências 4. Felicidade 5. Habilidades básicas 6. Sucesso profissional I. Título.

07-10126   CDD-650.14

Índice para catálogo sistemático:

1. Competências: Desenvolvimento profissional e pessoal:
   Administração   650.14

Compre em lugar de fotocopiar.
Cada real que você dá por um livro recompensa seus autores
e os convida a produzir mais sobre o tema;
incentiva seus editores a encomendar, traduzir e publicar
outras obras sobre o assunto;
e paga aos livreiros por estocar e levar até você livros
para sua informação e seu entretenimento.
Cada real que você dá pela fotocópia não autorizada de um livro
financia um crime
e ajuda a matar a produção intelectual de seu país.

ENIO **R**ESENDE

Competência
Sucesso
Felicidade

Um roteiro prático para desenvolver
competências destinado a

executivos • líderes em geral
intelectuais • pais • professores • estudantes
empresários • políticos • profissionais liberais

*summus
editorial*

COMPETÊNCIA, SUCESSO, FELICIDADE
Um roteiro prático para desenvolver competências destinado a executivos,
líderes em geral, intelectuais, pais, professores, estudantes,
empresários, políticos e profissionais liberais
Copyright © 2008 by Enio Resende
Direitos desta edição reservados por Summus Editorial

Editora executiva: **Soraia Bini Cury**
Assistentes editoriais: **Bibiana Leme e Martha Lopes**
Capa: **Sylvia Mielnik e Nelson Mielnik**
Projeto gráfico e diagramação: **Acqua Estúdio Gráfico**

Summus Editorial
Departamento editorial:
Rua Itapicuru, 613 – 7º andar
05006-000 – São Paulo – SP
Fone: (11) 3872-3322
Fax: (11) 3872-7476
http://www.summus.com.br
e-mail: summus@summus.com.br

Atendimento ao consumidor:
Summus Editorial
Fone: (11) 3865-9890

Vendas por atacado:
Fone: (11) 3873-8638
Fax: (11) 3873-7085
e-mail: vendas@summus.com.br

Impresso no Brasil

Agradecimentos

Deixo registrada minha gratidão às pessoas que vivenciaram comigo a gestação deste, que foi o primeiro dos quatro livros sobre competências que compõem esta quadrilogia: **Darci Garçon, Marcos Lobo** e minha filha **Beatriz Resende de Oliveira**.

Sumário

Palavras do autor 9
Questões que merecem grande consideração 11
Introdução 15

1 Abrindo as portas do novo mundo
das competências 17

2 Como fica a eficiência diante da força
da competência? 26

3 Esclarecendo os conceitos 33

4 O ovo ou a galinha? 47

5 Querer ou não querer, eis outra questão 52

6 Com quantos paus – ou competências – se faz
uma canoa 59

7 É possível falar em competência espiritual? 66

8 É preciso diminuir o "des" na vida 79

9 Ser intelectual ou doutor significa ser competente?... 85

10 Competências requeridas pelas profissões 94

11 A diferença entre ter talento e ser competente 104

12 Todos são policompetentes, inclusive você 110

13 Policompetência x empregabilidade 117

14 Competência ajuda a vencer timidez
e insegurança 125

15 Competência e sucesso 131

16 Competência e felicidade 135

17 Quando o jeitinho pode ser uma competência
positiva 143

18 Cidadania competente 152

Bibliografia 161

Palavras do autor

▪ Este livro pretende mostrar às pessoas – jovens e adultos, homens e mulheres, de todas as profissões e condições – uma nova maneira de melhorar sua vida profissional e social, por meio do aprimoramento e do aumento de competências e habilidades.

▪ O novo e importantíssimo significado de *competência* está para ser descoberto por grande parte da sociedade. Todos precisam se conscientizar mais intensa e decididamente sobre o que representa a força e o impacto da competência na evolução das pessoas e das organizações.

▪ A palavra competência é antiga, porém recebeu um significado mais amplo nos últimos cinqüenta anos, conseqüência da explosiva evolução do mundo nesse período, evolução esta que exige mais capacitação e melhor desempenho das pessoas.

- Competência pode ser definida, entre outras maneiras, como uma *força motriz do autodesenvolvimento pessoal, profissional e social*. Ela tem o poder de efetivar, energizar e ampliar a aplicação das inteligências que desenvolvemos e dos conhecimentos que adquirimos.

- A competência ajuda as pessoas a alcançarem mais plenamente a maior de suas motivações – a de realização pessoal e profissional.

- Para ter sucesso na vida, não basta estudar muito e aprender uma série de coisas. É preciso saber aplicar o que se aprende e gerar frutos desse aprendizado. Essa é mais uma maneira de ver a importância da competência.

- Esse raciocínio vale também para as empresas: ter capital e tecnologia não garante sucesso. É preciso que desenvolvam várias competências especiais de *gestão*, *produtividade* e *satisfação dos clientes*.

- É importante, portanto, que pessoas e organizações se dediquem mais decididamente à tarefa de identificar, desenvolver e aplicar melhor suas competências.

Questões que merecem grande consideração

- Ser competente, ou mais competente, é expressar sua capacidade de realizar coisas positivas, importantes, significativas e úteis para você, sua família, sua comunidade e, por que não, para o país.

- Realizar maior quantidade de coisas positivas, importantes, significativas e úteis é a mais nobre motivação humana e o melhor caminho para aumentar a satisfação de viver e de ser feliz.

- As pessoas desenvolvem competências ao longo da vida, mas nem sempre as aplicam em sua totalidade ou de maneira adequada. Isso é desperdiçar um bem precioso.

- A evolução do mundo nos sugere renovar e aumentar competências. Todas as pessoas podem e devem fazer isso.

- Do ponto de vista pessoal, maiores desenvolvimento e aplicação de competências são garantias de evolução, de maiores possibilidades de realizações sociais e de mais momentos de felicidade.

- Do ponto de vista profissional, a competência é fator fundamental para o sucesso.

- Ao aumentar e aplicar competências, temos mais chances de deixar nossa marca no mundo, ainda que pequena.

Algumas verdades

Não existe realmente nenhuma limitação quanto ao que podemos realizar se apreciarmos todas as oportunidades que a vida nos oferece. Podemos romper com nossas limitações, fazer mudanças enormes e descobrir habilidades que nunca antes imaginávamos ter. Mais importante, podemos ganhar consciência de nossas verdadeiras capacidades.

Tarthang Tulku
em *O caminho da habilidade* (1978)

O propósito terreno das pessoas de carne e osso em qualquer lugar do planeta é alcançar a felicidade e fazer o melhor de que são capazes de suas vidas.

Eduardo Giannetti
Economista, filósofo, professor e escritor

O mundo que nos espera não está para ser conquistado, mas para ser construído.

Jean-Claude Guillebaud
Autor de *Reinvenção do mundo*

Introdução

Bem-vindos, leitores. Reflitam sobre a seguinte afirmação, retirada de interessante debate na televisão: "O maior medo das pessoas é ter uma vida sem sentido, sem significado". E também sobre esta, feita por quem estava – acreditem – dentro de um campo de concentração, o psicólogo e escritor Viktor E. Frankl: "A busca de um sentido de vida é a principal força motivadora do ser humano [...] por isto a principal aspiração humana é a realização pessoal".

O que fazer para dar mais sentido e significado à vida?

Uma das principais causas da sensação de vida vazia pode ser o fato de ativarmos pouco o nosso enorme potencial de conhecimentos, de habilidades, de aptidões, de criatividade e de realização.

Um dos propósitos deste livro é fornecer indicadores objetivos e práticos para um caminho que leve as pessoas a dar maior sentido e valor à vida. Este caminho se chama "desenvolvimento e aplicação de *competências* e *habilidades*". Trata-se, cabe dizer, de uma trilha descoberta recentemente.

Os grandes impactos provocados pelas mudanças de tecnologia, globalização e aumento de competitividade profissional e de negócios tornaram a *eficiência* insuficiente. O fator *competência* não só preenche o espaço aberto, mas o faz com grande força.

A era da competência chega em um momento em que o mundo dá saltos de progresso. Tudo tem seu tempo e sua forma de acontecer. Serão expostas aqui diversas maneiras de ver a força e o poder da competência e de associá-la com a nossa vida.

Este livro pretende guardar coerência com o seu tema: ser competente, isto é, fazer surtir efeitos práticos. Visa abrir horizontes para uma vida melhor em todos os sentidos e destina-se a todos os públicos.

Este autor sonha ver os temas aqui tratados freqüentando as conversas do dia-a-dia, as reuniões em casa e nas empresas. Até mesmo as conversas de bar, de salão de beleza ou barbearia e onde mais se costuma reunir e conversar. E manifesta sua amadurecida convicção de que podemos melhorar a qualidade da vida humana e social com o desenvolvimento das competências das pessoas e organizações.

Boa e entusiástica leitura!

Abrindo as portas do novo mundo das competências

> *"Há sempre um momento em que as portas se abrem e deixam o futuro entrar."*
>
> GRAHAM GREENE
> Romancista americano

A partir de agora, vamos descobrir juntos o impressionante mundo da competência, mais um dos grandes fenômenos evolutivos da modernidade. Por sua grande dimensão, esse mundo está sendo desvendado aos poucos, e este livro pretende contribuir para acelerar esse processo.

A propósito: sabiam, leitores, que nos últimos cinqüenta anos o mundo evoluiu mais do que em todo o tempo passado?

Os leitores podem esperar uma caminhada suave e com muitas informações interessantes e úteis, que poderão, de fato, ajudar a melhorar sua vida pessoal, profissional e social.

Quanto maior o número de pessoas que embarcar nessa jornada e obtiver seus frutos, tanto antes poderemos ter uma sociedade mais evoluída, um país melhor e um povo mais consistentemente feliz.

Uma rápida reflexão inicial

Proponho, assim de início, uma tarefa de rápida reflexão. Imaginem-se colocando um "x" na frente dos dois itens, entre os listados abaixo, que mais podem nos assegurar *realização* e *êxito*, e, por conseqüência, mais duradoura satisfação na vida.

1 Estudar muito e trabalhar duro.

2 Ter muito lazer.

3 Aumentar e utilizar melhor as competências.

4 Construir uma família.

5 Cultivar amizades.

6 Ter uma vida empreendedora e útil.

Gastem pelo menos cinco minutos refletindo sobre a resposta. Vejam: o primeiro item – estudar muito e trabalhar duro – poderia ser uma das respostas, mas tal empenho não é, por si só, uma certeza de bons resultados e de sucesso na vida. O segundo, quarto e quinto itens, embora digam respeito a outros elementos importantes da nossa vida, também não asseguram realização e sucesso.

Aumentar e utilizar melhor nossas competências e ter uma vida empreendedora e útil podem significar, com maiores probabilidades, uma garantia de realização e satisfação pessoal. E sem dúvida uma vida significativa.

Espero que os leitores concordem com a destacada importância do terceiro e do sexto itens. Mas se pairar alguma dúvida sobre esta afirmativa, ela será provavelmente eliminada adiante, quando estiverem mais bem assimilados os significados da competência.

Essa reflexão inicial é uma forma de aquecimento para a interessante caminhada que empreenderemos nesta leitura.

Desta vez emplacou

A vida tem lá suas sabedorias. Uma delas prega que as coisas têm sua hora certa para acontecer quando a oportunidade surge. E este é o caso do fenômeno cultural e organizacional que nos propicia a descoberta do imenso valor da *competência* – fenômeno que está em processo de evolução.

Num mundo crescentemente competitivo, a competência se revela um dos mais importantes *fatores de sucesso*. Ela assegura o bom desempenho requerido por essa nova realidade.

Observemos que, onde existe natural competição na sociedade, a competência já é buscada e mostrada naturalmente – como nos esportes, embora não estejamos acostumados a ver as práticas esportivas sob este prisma.

O movimento de valorização da competência já tentou mostrar sua força e importância anteriormente, lá pela segunda metade da década de 1970, mas a sociedade e as empresas ainda não estavam prontas para recebê-lo, e não foi bem-sucedido. Mas agora estão. E como!

A hora e a vez da competência ganharam lugar com a recém-chegada *era da competitividade* – talvez a maior evolução e revolução socioeconômica já vista no mundo.

Atentemos para esta interessante questão: algumas leis na vida são implacáveis, e a elas precisamos nos adaptar, queiramos ou não: *a lei da gravidade, a lei da economia, a lei do menor esforço, a lei da sobrevivência e agora a **lei da competitividade.***

Para nos adaptarmos à lei da competitividade, temos de desenvolver nossas competências. Tanto pessoas quanto organizações têm de desenvolver competências para se adaptar à lei da competitividade.

Confiram

Se pararmos para pensar e dermos uma olhada à nossa volta, veremos como a competitividade está presente em todos os lugares e nos envolve de todos os lados: na busca de vagas para a faculdade, na tarefa nem sempre fácil de obter emprego, no empenho pela realização pessoal e profissional, na busca de melhor qualidade de vida etc. Para não falar de outras competitividades, como entre os órgãos de comunicação pela preferência do cliente, do rádio-ouvinte, do telespectador ou do leitor de jornal. E, mais um exemplo, da competitividade entre as empresas para conquistar clientes e mercados.

Em todos os casos, o fator comum que assegura êxito na competição chama-se "competência" (podemos até ver que essas duas palavras – competição e competência – têm a mesma raiz). Não estamos ainda acostumados a ver a coisa sob este ângulo, mas perceberemos isso ao longo da leitura.

Juntando agora os dois fatores: a *valorização da competência* tem aumentado em conseqüência do *crescimento da competitividade* no trabalho, na sociedade, entre as organizações e até entre regiões e países. Ou seja, o aumento da competitividade é *causa* e a valorização da competência, *efeito*.

Surgindo como a lua

Apesar de fenômeno muito importante e de grande alcance, o processo social de valorização da competência não alcança todos os setores da sociedade com a mesma velocidade.

É possível dizer que a evolução da competência vem surgindo como a lua: para alguns, como lua nova, ainda querendo se mostrar, porém de forma tênue; para uma outra parte, pode apresentar-se como um dos estágios da fase crescente; para outros, ainda, como a meia-lua, num estágio mais avançado. Nesta comparação, entretanto, a lua cheia, ou um domínio amplo do assunto, parece ser ainda privilégio de bem poucos.

O ditado popular "Quem não tem competência não se estabelece" é conhecido há bastante tempo, mas não produziu antes os efeitos que tende a produzir agora.

Quantas competências você possui?

Já tive oportunidade de perguntar a milhares de pessoas, em conversas, cursos e palestras: quantas competências você possui? Podem acreditar, em mais de 90% das vezes meus interlocutores se surpreenderam com a pergunta e não souberam o que responder. Ou, depois de minha insistência, disseram um número baixo, entre uma e cinco.

O conceito de competência vai aos poucos se incorporando no linguajar diário, mas a maioria das pessoas o aplica, ainda, sem muita noção de seus mais amplos significados.

Ficará claro, e com muitos exemplos, que todos possuímos muito mais competências do que imaginamos. No capítulo 3, será apresentada uma idéia melhor e mais ampla de competências, e também de como o domínio de competências varia entre as pessoas.

Antecipo, para atender possíveis curiosidades ou ansiedades, um dado objetivo: dependendo da experiência de vida e nível de formação escolar, ou ainda do ambiente educacional, um indivíduo pode ter – ou vir a ter – entre dez e oitenta competências. Um operário qualificado desenvolve e aplica, no trabalho e na vida social, em torno de 25 competências. Profissionais de nível superior aplicam, regra geral, em torno de cinqüenta a setenta competências. Um diretor de empresa de maior porte pode precisar demonstrar cem ou mais competências.

Fixem bem esta idéia: desenvolver competências contribui para aumentar as oportunidades ou ocasiões de nos realizarmos mais e de sermos mais felizes na vida.

Baixando a cortina do primeiro ato

Considerando a tão destacada importância do advento do movimento da competência, cabe terminar este capítulo com os seguintes versos de *Os Lusíadas*, de Luís de Camões:

> *Cessa tudo o que a musa antiga canta*
> *Que um valor mais alto se alevanta.*

A musa antiga, no nosso caso, é a *eficiência*. O valor mais alto que se alevanta, que se destaca agora por sua importância, é a *competência*. A eficiência continua sendo necessária, mas a evolução das organizações pede algo mais.

Como fica a eficiência diante da força da competência?

"Tudo pode ser feito melhor do que está sendo feito."

HENRY FORD
Fundador da Ford

Você se considera mais *eficiente* ou mais *competente*? Sabe distinguir essas duas formas de ser, ou de atuação pessoal?

A competência tem sido muito enfatizada até agora. E como fica a eficiência? Perde importância como uma maneira de caracterizar um trabalho ou uma atividade, de qualificar uma atuação ou um desempenho? Ser eficiente deixa de ser importante? A competência põe a perder a eficiência?

Devagar com o andor. Não se trata de substituição de um conceito pelo outro, mas de desdobramento, de uma evolução.

Trata-se de uma significativa evolução

A competência não diminui a importância da eficiência. Acaba, sim, democrática e evolutivamente, com o seu até então reinado absoluto. Reinado esse que durava mais de oitenta anos.

A eficiência não perde seu valor. Muito pelo contrário. Até porque os especialistas em desenvolvimento organizacional vêm se esforçando para torná-la moderna, dando-lhe roupagens novas. Quem atua nas empresas tem ouvido falar muito de melhoria da qualidade e de melhoria de processos – que são exemplos do empenho pela modernidade da eficiência.

Na verdade, a eficiência está passando por transformações significativas. Contudo, mesmo no formato original, ela não só permanece valendo, como também sendo importante e necessária. Todas as organizações da sociedade continuam precisando da eficiência, que, aliás, ganhou um importante reforço: a informática. Ou melhor, TI – Tecnologia de Informação.

Tudo que não melhora, piora

A competência vai além da eficiência. Competência é inovação, é *melhoria contínua*.

Por mais óbvia que pareça, a idéia de melhoria contínua é nova. Talvez resulte também da era da competitividade, da qual falamos no início do livro.

Anteriormente, dávamo-nos por satisfeitos em terminar as coisas. Não havia preocupação em sustentá-las e aperfeiçoá-las. Eram deixadas ao sabor da sorte. Agora, a dinâmica do mundo impõe que as coisas sejam constantemente aperfeiçoadas.

Anotemos isto: tudo que não melhora, ou que não seja pelo menos bem cuidado, piora. Nada fica do mesmo jeito por muito tempo.

Se não fizermos manutenção ou aperfeiçoarmos as coisas, elas regridem ou se deterioram. Lembremo-nos de nossa casa, de nosso carro e de nossa saúde.

Reforçando: a idéia de conservação das coisas já existia. Não existia, porém, a idéia de melhoria contínua – mais característica da era da competência do que da era da eficiência.

Explicando um pouco mais

Anteriormente, usávamos a palavra eficiência valendo para os dois significados – o seu próprio e o de competência. Hoje, vivemos uma evolução, mais especificamente um desdobramento de conceitos.

E como costuma acontecer com as inovações importantes, a competência chega mandando ver, querendo abafar e se impor. Mas, outra vez, a eficiência se esforça a fim de não ficar para trás, renovando seu guarda-roupa.

Eficiência significa fazer as coisas bem feitas, de forma correta. Trabalhar com eficiência é executar a tarefa conforme os melhores padrões de execução, conforme as regras, conforme a fórmula ou receita. A eficiência volta-se mais para o fazer em si; *não tanto para as conseqüências do que se está fazendo*. O exagero da eficiência é o preciosismo.

Costumo ilustrar a eficiência recorrendo ao futebol. Freqüentemente, vemos o time mais preocupado em seguir um padrão de jogo estabelecido pelo técnico do que em vencer a partida. Na Copa do Mundo de futebol de 2006 tivemos um bom exemplo disso: o time da Suíça jogou certinho, não perdeu um jogo sequer, mas foi eliminado ainda nas oitavas-de-final.

É muito comum a eficiência predominar nos órgãos públicos, nos quais se seguem normas e procedimentos com certo rigor. Mas as coisas andam muito devagar e não raro os resultados desagradam o público usuário. Os serviços dos órgãos públicos precisam certamente de um banho de competência.

Situações que precisam mais da eficiência

Há situações em que precisamos, fundamentalmente, do fazer bem-feito. Na construção de determinada peça a ser encaixada com precisão numa máquina; em uma operação cirúrgica; na preparação de uma fórmula de remédio. Nesses casos, a eficiência tem de predominar. Sim, é necessário colocar mais eficiência nas pesquisas científicas e nas questões de maior complexidade tecnológica. Mas há outras situações em que precisamos focar mais no resultado final do que na maneira de fazer. Por exemplo, nos negócios e nas questões sociais.

É preciso colocar mais competência, objetividade e praticidade nas questões que afetam o dia-a-dia das pessoas e das cidades, como o trânsito, a segurança, o atendimento à saúde, à satisfação dos clientes e usuários etc. Nestes casos é necessário, às vezes, abrir mão do rigor de precisão e de perfeição. Há de se considerar o lado mais prático das situações.

A palavra "eficácia" foi criada, talvez, para caracterizar essa situação em que o mais importante – quando não é preciso rigor técnico e científico – é chegar ao resultado de forma mais rápida. Costumo dizer que, nesses casos, já fazemos muito ao atingir algo em torno de 75% ou 80% do ideal. Mantenho essa opinião por verificar, em muitas palestras e bate-papos, que muita gente concorda com ela.

Anotemos isto, para finalizar

É importante termos em mente a diferença entre fazer (operacionalizar) e concluir (chegar ao resultado). É como nos esportes coletivos: trama-se uma boa jogada para favorecer a finalização, a obtenção de pontos ou do gol. A eficiência cuida mais do meio, dos "entretantos", das jogadas intermediárias. A competência tem mais que ver com o resultado, com marcar o gol, com ganhar o jogo.

É preciso considerar também que muitas organizações obtêm maus resultados, ou chegam à falência, mesmo sendo eficientes nos processos. Quase sempre porque não dão a necessária importância aos resultados, à satisfação dos clientes e das pessoas que nela trabalham. A competência focaliza mais decididamente a importância dos resultados, das pessoas envolvidas e do interesse dos clientes.

*"O único meio de nos adiantarmos
é nos tornarmos melhores."*

ALLAN KARDEC
Pedagogo e teórico do espiritismo

3

Esclarecendo
os conceitos

> *"Não tenha medo da perfeição.*
> *Você nunca vai atingi-la."*
>
> SALVADOR DALI
> Pintor

Já era tempo

Agora que já estamos bem familiarizados com o conceito básico de competência, cabe avançar um pouco mais. Precisamos gastar um tempinho para entender a diferença entre: *conhecimento*, *competência*, *habilidade*, *aptidão* e *atitude*.

Estou certo de que os leitores perceberão que foi melhor preparar o terreno antes de chegarmos às definições que envolvem o conceito abrangente de competência. Até psicólogos e administradores, que mais têm obrigação de entender bem deste assunto, costumam se embaraçar um pouco com estes conceitos quando querem ir direto ao ponto.

Verifica-se uma tendência natural das pessoas de querer simplificar muito as coisas. É, como vimos, uma das leis naturais que influenciam o comportamento humano. Mas não é desejável simplificar demais o amplo conceito de competência. Todas as pessoas, independentemente de sua formação profissional, deveriam saber diferenciar o significado das palavras anteriormente mencionadas.

Neste capítulo veremos, pois, o desdobramento do significado de competência. Uma questão que podemos classificar de moderna e importante.

Distinguindo *conhecimento* de *competência*

Observem a seguinte relação entre estas duas palavras: conhecimento é *matéria-prima* e competência é a *capacidade de utilizá-la*, de processá-la, para gerar produtos diversos de *saber fazer*.

Os conhecimentos são processados e aplicados, *com mais ou menos competência*, em todas as situações sociais, desde as mais simples até as mais abrangentes e complexas. A competência se manifesta, portanto, na aplicação (correta, adequada, inteligente, útil etc.) do conhecimento. Vale a pena fixar esta idéia, interessados leitores.

No mundo moderno, é cada vez mais exigido o fator competência na aplicação dos conhecimentos. No passado, o conhecimento – o saber puro e simples – se bastava. Podemos até dizer que era uma matéria de luxo.

Podemos ver que o mundo está mudando em muitos aspectos. Está ficando mais tecnológico, mais complexo, mais competitivo. Por conseqüência, exigindo mais competências das pessoas e das organizações.

Dado impressionante

Cabe dizer também que a quantidade de conhecimentos produzidos todos os dias constitui um dos fenômenos mais impressionantes do mundo moderno. Para se ter uma idéia do progresso na geração de conhecimentos, é provável que não se tenha produzido mais do que mil livros em todo o século XV; não mais do que vinte mil livros, talvez, em todo o século XVI. Agora, vejam: no início do século XXI, pode-se falar numa produção aproximada de dez mil livros por dia no mundo. Incrível, não?

Nos tempos atuais é gerada, diariamente, grande quantidade de conhecimentos novos nas diversas ciências, tecnologias e em todos os ramos de atividades. E é crescente o aumento ou desdobramento dos ramos de saber e das profissões, o desenvolvimento cultural das sociedades e ainda o aumento do poder aquisitivo em muitas delas. Tudo isso contribui para a produção e aquisição de livros.

A geração de conhecimentos é impressionante, às vezes assustadora. Não sabemos aonde isso vai chegar. Não sei o que pensam sobre o assunto, atentos leitores.

É oportuno citar aqui o seguinte esclarecimento de Eugene L. Bryan, retirado de um livro de citações: "Dados não são informações e informação não é conhecimento". E considero-me seguro para acrescentar: *conhecimento não é necessariamente competência.*

No entanto, por ser a competência um movimento cultural novo e em início de grande desenvolvimento, e por constituir um fator cada vez mais importante para o sucesso das ações e realizações humanas e organizacionais, estamos nos dedicando mais a ela neste livro.

Ampliando e detalhando o novo significado de competência

> *"Sabedoria é saber o que fazer;*
> *habilidade é saber como fazer; virtude é fazer."*
>
> DAVID STAR JORDAN
> Educador

Agora, sim, vamos detalhar e organizar as idéias sobre o amplo significado de competência.

O dicionário mais famoso no Brasil, o popular *Aurélio*, ainda não contempla os novos significados de competência – pelo menos até a 18ª edição. Descreve, de forma bem sucinta, como sinônimos de competência: *idoneidade, incumbência, suficiência* e *poder de decisão*. São, portanto, diferentes do significado destacado neste livro.

O novo dicionário de Antônio Houaiss, lançado em 2001, aumenta em quantidade os significados de competência, e já inclui o conceito aqui enfatizado, porém no meio dos outros sinônimos, e sem destaque.

O significado principal de competência aqui enriquecido e destacado é: *a capacidade de aplicar o que se sabe, de realizar, de empreender, de resolver, de fazer acontecer*. Um significado mais dinâmico, mais arrojado, mais intenso, se é que podemos dizer assim.

E não se trata somente do enriquecimento do conceito de uma palavra, mas de um *amplo e vigoroso movimento cultural*, de valorização do fator competência, aplicado em todas as situações de vida pessoal, organizacional e social.

Desdobramentos convenientes

Ficará ainda melhor o entendimento do assunto se desdobrarmos o conceito de competência em três partes. Essa divisão, ou classificação, já foi ensaiada antes e ficou conhecida por profissionais de administração de recursos humanos e de psicologia organizacional como "CHA" – iniciais de **c**ompetências, **h**abilidades e **a**ptidões. Vejamos:

Competência

Constitui-se nas capacidades das pessoas e das organizações relacionadas com *domínio e aplicação de conhecimentos*. Podemos dizer também que se refere a *know-how* ou *expertise* (domínio de um assunto).

Desse modo, cada especialista de engenharia, medicina, química, telecomunicações ou tecnologia de informação, cada técnico industrial, administrativo, de vendas etc. aplica numerosas competências de conhecimento específicas de sua atividade.

Em outras palavras, todas as profissões (advocacia e enfermagem, por exemplo), cargos (contador, tesoureiro e técnico de laboratório), funções (direção e assessoria) e atividades (representação comercial e atividades financeiras) requerem competências específicas de *saber fazer*.

Se nos dermos ao trabalho de identificar as competências de todos os cargos e funções das empresas (e eu tive a oportunidade de fazer isso em dezenas delas) dos mais diferentes ramos de atividades, vamos descobrir que existem *muitas competências aplicadas nas organizações*. Na Embraer, por exemplo, uma equipe de analistas e eu identificamos mais de vinte mil competências e habilidades em cerca de 1.100 postos de trabalho que compunham, na época, aproximadamente 350 cargos.

À medida que surgem novas atividades, funções e profissões, elas podem requerer novas competências técnicas e operacionais. Não há limites para as competências destes tipos.

Exemplos de competências: *saber elaborar projetos de engenharia, saber diagnosticar defeitos em motores, saber consertar telefones celulares, saber liderar reuniões, saber redigir bula de remédio com clareza, saber dar* feedback, *saber fazer churrasco, saber dirigir carretas, saber identificar espécies de plantas, saber tratar bem os clientes* etc. São muitos milhares delas aplicadas por centenas de profissões e milhares de funções operacionais.

Entretanto, como não somos estudiosos do assunto, há razão para nos preocuparmos com a quantidade e a variedade de competências que possuímos (com as nossas trinta, cinqüenta ou oitenta). Interessa-nos conhecer o assunto o suficiente para entendermos as diferenças entre as pessoas.

Quem sabe não seria bom se professores, chefes, analistas de comportamento, jornalistas ou juízes conhecessem e soubessem distinguir um pouco mais as competências das pessoas?

Habilidade

Já as habilidades ocorrem em número mais limitado, embora sejam também permanentes. Isto é, a sua quantidade não muda em conseqüência da evolução do conhecimento e das tecnologias. A habilidade destina-se a qualificar formas ou maneiras mais permanentes de aplicar conhecimentos, ainda que diferentes; corresponde mais ou menos a um *adjetivo*. A habilidade de ser *ágil*, por exemplo, pode ser aplicada à ação de uma pessoa, a uma decisão, a uma forma de raciocínio etc.

Uma mesma habilidade pode referir-se a diversas profissões, a diversas ações, em qualquer tipo de organização e em qualquer situação de vida. No trabalho, nas artes, nos esportes, nas brincadeiras. Aliás, nessas atividades aplicamos mais habilidades e aptidões (ver a seguir) do que conhecimentos técnicos.

De forma bem simples, podemos definir habilidade como uma maneira melhor de agir, aplicar conhecimentos, expressar-se, fazer as coisas.

Exemplos de habilidades: *ter pensamento ágil, facilidade para aprender, saber ouvir, ter facilidade para fazer cálculos, saber impor respeito, ter senso prático, senso estético, presença de espírito, saber levar na brincadeira, saber prender a atenção do público*, entre outras.

Reparem bem que estamos falando de uma *melhor forma* de pensar, entender, agir, atuar etc. Os melhores jogadores de futebol são aqueles com maior habilidade para lidar com a bola e criar lances em diferentes situações do jogo. Os melhores vendedores são aqueles que se distinguem por serem mais corretos e atenciosos nas atitudes com os clientes.

Aptidão

É o único dos três componentes da competência – no sentido amplo – que é inato, que se "nasce com". Ou seja, já nascemos com as aptidões. Ou pelo menos com a tendência ou vocação para tê-las. Somente as aptidões são herdadas, naturalmente, dos nossos pais ou avós.

É bom termos isto em mente: conhecimentos e habilidades são adquiridos ou desenvolvidos após o nascimento. Aptidões são geneticamente herdadas e depois desenvolvidas.

• COMPETÊNCIA, SUCESSO, FELICIDADE

As aptidões se dividem em três tipos:

Mentais inteligência abstrata, raciocínio lógico, raciocínio espacial, memória etc.

Emocionais alegria, saudade, compaixão, amor, empatia etc.

Físicas visão, olfato, energia, sensibilidade tátil, reflexo, resistência à fadiga etc.

Cabe dizer ainda que, com treinamento intensivo, as aptidões podem ser desenvolvidas. As pessoas que estudam mais ou tem maior experiência de vida tendem a desenvolver mais as aptidões, e isso acontece sem que percebamos.

E vejam que interessante: aptidões desenvolvidas se transformam em habilidades. Malabarismo corporal é um exemplo de habilidade resultante de um aperfeiçoamento, ou de um treinamento mais intensivo, de aptidões físicas. Agilidade mental provém do exercício de raciocínio.

Conduta

Há de se falar, ainda, de uma quarta categoria: a conduta, que se diferencia dos componentes do CHA por ser a que mais se caracteriza como comportamento. É, dentre as manifestações das pessoas, a que depende só do *querer*, da *vontade*. Não depende do *saber fazer*. É importante nos acostumarmos com a diferença entre *querer* (vontade) x *saber* (resultado de aprender).

Notem a importância disto: no que diz respeito à conduta, podemos igualar um doutor a uma pessoa de nível primário. Ambos podem, por exemplo, ser igualmente *honestos*, *pontuais*, *responsáveis*, *colaboradores* ou *leais*.

Conduta é, portanto, uma atuação consciente das pessoas. Resulta de uma decisão pessoal de agir; por isso, é a categoria que mais tem que ver com nossos princípios e comportamentos éticos e morais.

Há ainda outras formas de conduta, além das mencionadas anteriormente: *seriedade*, *comprometimento*, *dedicação*, *assiduidade*, *imparcialidade*, *justiça*, *respeito a leis e princípios* etc.

A respeito do desenvolvimento dessas competências

Deixando de lado a conduta – pelo que foi explicado –, dentre os três potenciais acima citados, o que pode ser desenvolvido mais facilmente é a *competência* (domínio de conhecimentos). Somos capazes de aumentar nossos conhecimentos e nos tornarmos especialistas durante mais de dois terços de nossa vida.

O potencial que menos pode progredir (nos adultos) é o das aptidões. As aptidões mentais desenvolvem-se nos primeiros anos de vida, até os 7 ou 8 anos; as físicas, até a adolescência, razão pela qual a formação e educação básicas ocorrem nessas fases. E razão muito importante para que pais e educadores fiquem muito atentos à educação infantil e juvenil.

As habilidades ficam num meio-termo. Podem ser desenvolvidas, mas com maior dedicação do que aquela empregada na aquisição dos conhecimentos. Diversas habilidades resultam de aplicação mais intensa e de treino mais constante do uso de aptidões. Elas podem ser desenvolvidas a qualquer tempo, mas isso depende muito de exercícios práticos continuados. Os atletas realizam treinos e esforços maiores para desenvolvê-las.

Quanto aos conhecimentos, não há limite de tempo e de idade para ampliá-los e desenvolvê-los.

Vale destacar: o conhecimento (competência) não tem limite de idade para ser desenvolvido, mas a memória (aptidão) tem – na velhice, tende-se a perder a memória gradativamente. A possibilidade de saber mais, contudo, também não tem limite.

O que acham, leitores?

Fica mais fácil agora distinguir essas características? Não vale a pena um pouco de esforço para nos acostumarmos a diferenciá-las? Não nos ajuda a conhecer e a lidar um pouco melhor com as pessoas?

Concordam que a competência de saber distinguir conhecimentos, habilidades e aptidões nos ajuda nas funções ou papéis de gerente, pais, professor, vendedor, amigo e namorado, enfim, em qualquer tipo de relação com as pessoas?

"Longo é o caminho ensinado pela teoria.
Curto é o seu exemplo."

Sêneca
Filósofo grego

4

O ovo ou a galinha?

> *"A dúvida é o início da sabedoria."*
>
> ARISTÓTELES
> Filósofo grego

Tratemos, por oportuno, de uma questão que pode nos embaralhar a mente. Perguntando às pessoas o que vem primeiro: a *competência* ou o *bom desempenho*, a resposta não surge fácil. Como aquela famosa questão do ovo e da galinha.

O que acham, leitores: a competência determina o bom desempenho, ou é o bom desempenho que desenvolve a competência?

Até pouco tempo atrás só se empregava os termos desempenho e eficiência. Dizia-se apenas que as pessoas tinham bom ou mau desempenho. E se eram ou não eficientes. As pessoas com mais de 35 ou 40 anos podem atestar isso.

Para efeito prático, proponho – em relação à dúvida sobre o que vem primeiro – a seguinte teoria: a competência tem dois terços do peso como causa (o que vem primeiro); e o desempenho, um terço.

Vejamos por quê

Num mundo de grandes e rápidas mudanças e de crescente aumento e complexidade dos conhecimentos, exige-se maior empenho das pessoas e das organizações em adquirir mais conhecimentos e mais qualificações com estudos e treinamentos. Cada vez mais, demanda-se maior aquisição de *know-how* e *expertises*; ou seja, um maior domínio de conhecimentos e uma maior capacidade de aplicá-los.

Estudamos, fazemos treinamentos e/ou experimentamos (aprendizagem prática) para adquirir ou desenvolver competências de conhecimento e habilidades, para, assim, podermos ter melhor atuação, ou desempenho, na vida e no trabalho.

Significa dizer que a aquisição, ampliação e renovação do conhecimento vêm antes. Sua aplicação – o desempenho – vem depois. Ele é, portanto, uma conseqüência, que nos permite obter ensinamentos práticos pela experimentação e reforçar os conhecimentos. Mas numa intensidade menor.

Antes de desempenhar, é necessário ter conhecimento para aplicar.

Vejamos o caso de um ajudante de mecânico. É permitido a ele executar mais e mais tarefas à medida que aprende os ensinamentos do mecânico ou por meio de observação. Seu crescimento profissional será conseqüência de sua maior ou menor aprendizagem do como fazer. Quanto mais aprender, mais dominará o fazer.

Precisamos reconhecer que aprender pela aquisição de conhecimentos é mais rápido do que pela experiência – e talvez tenha maior alcance. É razoável, por conseqüência, aceitar a idéia de menor força do desempenho como *causa*. Daí a proposta de um terço.

Que os perfeccionistas e detalhistas não fiquem incomodados em suas cadeiras. O número está arredondado para facilitar o raciocínio.

Saber saber e saber fazer

Fiquemos, por enquanto, com a idéia básica de que ter competência significa não só aprender ciências, técnicas, procedimentos etc., mas também aplicá-los devidamente. Pode parecer óbvio, mas não é. Nem todas as pessoas aplicam bem o que aprenderam.

Falar em competência por inteiro implica estas duas partes: *saber saber* (aprender) e *saber fazer* (aplicar). Tradicionalmente, valorizou-se mais o saber puro e simples – até porque não havia muita exigência de saber fazer.

A realidade mudou, o mundo está mais competitivo, e o saber fazer é requisito fundamental de competência para os novos desafios da vida.

Falta outro ingrediente

Além do saber saber e do saber fazer, um terceiro e fundamental elemento entra na história. Trata-se de uma condição *sine qua non* para a atuação e sucesso das pessoas: a *vontade*.

Podemos desfrutar das competências de saber e fazer e simplesmente não ter interesse ou vontade de realizar algo. Isso é tão fundamental que merecerá o próximo capítulo.

> *"A sabedoria da vida não está em fazer aquilo de que se gosta, mas em gostar daquilo que se faz."*
>
> LEONARDO DA VINCI
> Filósofo e artista policompetente da Renascença

5

Querer ou não querer,
eis outra questão

> *"To be or not to be, that is the question."*
>
> WILLIAM SHAKESPEARE
> Dramaturgo inglês

Pensei em nos inspirarmos na famosa frase "Ser ou não ser, eis a questão" – dita por Hamlet, personagem de Shakespeare – e dizer: *querer ou não querer, eis a questão,* e, ainda, associá-la com outra também conhecida: querer é poder, a fim de valorizar a idéia de que aumentar e aplicar competências depende fundamentalmente da nossa vontade.

Não há limites para desenvolvermos competências e, por conseqüência, melhorarmos nossa atuação no trabalho e na vida social. É uma *questão de vontade*.

A vontade de ser competente

Falemos agora um pouco sobre a vontade, especialmente a de ser competente.

A vontade é mais decisiva para que as coisas aconteçam do que supomos. Podemos sentir a necessidade de realizar alguma coisa, possuir o conhecimento para tanto, dispor dos recursos necessários, e simplesmente não termos vontade de agir.

Sempre achei que o desenho a seguir ilustra bem as condições necessárias para se alcançar sucesso na vida:

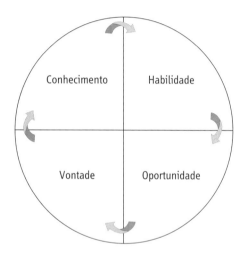

É fundamental ter o conhecimento, e é importante ter a habilidade de aplicá-lo, melhor ainda se o aplicamos na hora certa, quando as oportunidades surgem. Mas é preciso também contar com a motivação, com a vontade de fazer ou atuar.

Não ter vontade de agir pode significar uma "greve" pouco inteligente da competência.

Não é exagero dizer que ocorre diariamente no mundo grande desperdício de competência, um imenso deixar de fazer coisas, por falta de vontade de agir das pessoas.

Causas e conseqüências da falta de vontade

E quais as causas e conseqüências da falta de apetite de agir em favor ou direção de algo necessário, importante ou positivo?

Vou descrever as causas principais:

- apatia – resultante de preguiça ou doença;
- miopia – não enxergar o objetivo e a importância do que precisa ser feito;
- insegurança – por algum tipo de receio;
- desinteresse – incapacidade de perceber o valor das coisas;
- desmotivação – por falta de estímulos.

Qualquer que seja a razão da não-existência da vontade de fazer, o prejuízo é nosso, do ponto de vista individual ou familiar. E da sociedade, do ponto de vista coletivo.

Quais são os prejuízos ou conseqüências da falta de vontade?

- perda de oportunidades de ganhos financeiros;
- de evolução profissional;
- de realização e crescimento pessoal;
- de ser mais reconhecido e valorizado;
- de ter mais momentos de felicidade.

Aprendendo a administrar a vontade

Há fortes razões para querermos aprender a administrar a vontade. Em outras palavras, razões para aprendermos a diminuir os momentos de apatia, desinteresse ou desmotivação.

Se pretendemos alcançar realização pessoal, progredir na vida e ser mais felizes, precisamos aprender a superar essas situações negativas por meio de um esforço consciente.

Embora não seja tão fácil quanto mudar a freqüência do rádio ou o canal da televisão pelo simples apertar de um botão, podemos aprender a mudar de canal em nossa disposição de querer ou fazer as coisas. Podemos treinar e aprender a sair de situações de apatia, miopia, insegurança, desinteresse e desmotivação, carregando a bateria da automotivação.

Tomar consciência das causas e conseqüências das fraquezas de vontade já é um bom começo. Mas será muito bom aprender a lidar com as causas de perda de interesse e de aborrecimento, aprender a se sentir mais seguro e autoconfiante e a não desanimar tanto com as crises, decepções e chatices da vida.

Sim, é verdadeiro o dito popular "querer é poder". Mas devemos levar em conta também que é preciso associar a vontade (querer) com o saber, ou com o saber fazer (competência). E aí tem-se um bom casamento.

Aqui vão três últimas observações relevantes:

- A vontade é uma questão de decisão própria: eu quero, não quero, quero muito, quero pouco. Se soubermos administrar melhor a vontade, conseguiremos muito mais coisas na vida.

- Quanto ao saber, é preciso ampliá-lo e renová-lo – seja por meio de uma experiência prática mais rica, seja por continuados estudos e aprendizados –, pois se trata de uma das condições de sustentação da competência.

- Não há necessidade de pensar em perfeição. Ninguém consegue ser ótimo sempre, por dificuldades e limitações normais da vida. Há uma frase famosa que diz: "O ótimo é inimigo do bom".

E como afirmou Santo Agostinho:

> *"Nada está tanto em nosso poder como a própria vontade."*

6

Com quantos paus
— ou competências —
se faz uma canoa

> *"Quem não tem competência não se estabelece."*
>
> DITADO POPULAR

Provavelmente muitos leitores assistiram, no todo ou em parte, a algum episódio do programa "No Limite", produzido e apresentado pela Rede Globo, em 2000. Junto com outros onze especialistas em gestão e liderança, fui convidado, na ocasião, a escrever um livro inspirado naquele programa. Recebeu o título: *Gerenciar NO LIMITE*.

Coube-me falar das competências aplicadas pelos participantes na gincana. Relacionei algumas dezenas delas e destaquei as dez que considerei decisivas para a vitória de Elaine. Lembram-se dela?

Sua vitória, aliás, foi uma grande surpresa, por duas razões principais: ela estava acima do peso e não aparentava gana de vencer, como era o caso da maioria dos outros participantes. A vitória de Elaine ficará mais bem entendida, porém, após ser explicada do ponto de vista da aplicação das competências.

São as competências, mais do que os conhecimentos puros e simples, ou atitudes voluntariosas das pessoas, que determinam o sucesso pessoal e profissional.

- COMPETÊNCIA, SUCESSO, FELICIDADE

Cabe ainda antecipar esta constatação: competências desenvolvidas numa profissão podem ser aplicáveis (ou úteis) em diferentes situações de vida. No caso, algumas competências desenvolvidas na profissão de cabeleireira mostraram-se decisivas numa gincana em que foram apresentados diversos desafios aos participantes.

Uma profissão que requer muitas competências

Vamos então às competências que garantiram o sucesso de Elaine na competição: *ter sabedoria prática, autocontrole emocional, saber conquistar respeito e simpatia, ser útil, ter humildade e simplicidade, disciplina metódica na realização das tarefas, fé e força interior, determinação, habilidade de convivência em grupo e adaptar-se a diferentes situações.*

Talvez não seja difícil entender como algumas destas características são fundamentais para uma cabeleireira que trabalha como prestadora de serviços e lida – principalmente – com mulheres de diferentes personalidades. Por outro lado, poderá ser surpreendente para alguns leitores a constatação de que uma cabeleireira aplica tantas competências e habilidades em seu trabalho.

Fica aqui a afirmativa de que a maioria das profissões práticas e especializadas requer, sim, um número significativo de competências. No próximo capítulo isso poderá ficar definitivamente claro.

Competência ou característica de personalidade?

É possível que alguns leitores tenham ficado mentalmente incomodados com a relação de competências citadas anteriormente: "Desde quando *simplicidade* e *força interior* são competências? Pelo que sei, são características da personalidade das pessoas. Posso até entender que *saber conquistar respeito*, *sabedoria prática*, *adaptabilidade a diferentes situações* sejam competências. Mas *humildade* e *simplicidade...*"

Por enquanto, fiquemos com a seguinte explicação: se uso uma característica pessoal como atitude para *obter um resultado*, eu a transformo numa competência. Os exemplos virão logo em seguida. Vai aqui, primeiro, uma definição moderna de competência:

Competência é aplicação de conhecimentos, experiências, habilidades, características pessoais, valores (cabe aqui o "e/ou"), com obtenção de resultados práticos ou alcance de objetivos.

Observação: tirando os parênteses introduzidos por mim, essa definição é muito próxima daquela do introdutor da nova teoria de competência, David McClelland.

É possível que ainda haja alguma confusão quanto ao significado de *competência* quando comparado com o de *características pessoais*. Mas logo, logo os leitores certamente estarão mais competentes para distingui-los. Talvez a partir do próximo capítulo.

Reparem na expressão que usei: estarão *mais competentes para*. Em outras palavras, estarão mais capacitados ou mais qualificados para distinguir esses dois conceitos.

Vejamos essa diferença com o exemplo da palavra *determinado*. Dita simplesmente desta forma, pode ser considerada uma característica pessoal: "Este é um sujeito determinado". Contudo, se uso essa característica conscientemente para obter sucesso em alguma atividade, ela pode ser considerada uma competência. Por exemplo: "Normalmente alcanço meus objetivos de vida porque sei ser determinado quando necessário". Ou seja, transformo uma característica pessoal numa competência.

Esclarecendo melhor

Aos poucos estamos chegando lá.

As competências ficam mais claras ao colocarmos na frente da palavra a expressão: *saber* ou *saber fazer* – saber palestrar, saber decidir, saber desenhar etc. Voltando ao exemplo do parágrafo anterior, mostramos que uma pessoa pode *saber ser determinada* quando encontra um desafio pela frente.

Observemos outro exemplo: *simplicidade*. Podemos ser naturalmente simples na vida cotidiana; trata-se de uma característica pessoal. No entanto, se para ter sucesso num projeto ou numa competição é necessária ou conveniente a *simplicidade de atitude*, ao adotá-la estamos sendo competentes. Falamos, então, de *saber ser simples* quando necessário.

Características pessoais podem, portanto, ser transformadas em competências se as aplico a fim de *melhorar desempenho* ou *resolver problemas*.

Diploma não garante competência

Acredito que, a esta altura, os leitores já comecem a notar que não terão dificuldades em fixar e lidar com o novo conceito de competências. Talvez não soubessem identificá-las antes, em virtude da nossa tendência de simplificar os assuntos. Atitude previsível, aliás, porque está de acordo com uma das leis naturais que regem o comportamento humano: a lei do menor esforço. Lembram-se de que falei dela no primeiro capítulo?

É importante fixarmos a seguinte idéia: a condição para alguém ser competente é *obter resultado positivo* na atitude, na ação, no trabalho, em qualquer atividade. Trata-se de um conceito relativamente simples.

Cabe agora levantar uma questão que pode dar o que falar. Cursos e diplomas na bagagem não garantem que a pessoa será competente. *Saber só não basta*; é preciso também, e principalmente, *aplicar bem* o que se sabe. A competência se efetiva com a aplicação dos conhecimentos.

Esta idéia de *aplicação prática* dos conhecimentos tem sido bastante enfatizada, não? Mas é preciso, podem crer.

O que este livro ensina ele pratica. Os leitores estão desenvolvendo a competência de usar mais e melhor o novo e importante conceito de competência. E vão descobrir um mundo novo e muito interessante, no que diz respeito ao *saber* e ao *desempenho pessoal*.

Anotem mais esta importante idéia:

> *"O homem será tanto mais feliz*
> *quanto melhor puder desenvolver*
> *e utilizar suas competências e habilidades."*
>
> JOSTEIN GAARDER
> Escritor norueguês

É possível falar em competência espiritual?

> *"Para onde quer que vá, vá com todo o coração."*
>
> CONFÚCIO
> Filósofo chinês

Já deve estar entendido que o significado de competência tem muito que ver com aprender e aplicar conhecimentos, com realização prática. Vejamos agora outra idéia importante.

A realização de tarefas técnicas e operacionais é comandada, na maioria dos trabalhos, mais pelo uso da *inteligência* do que por manifestação do *espírito*. Mas alguém pode questionar: o lado espiritual não está presente em todas as ações? Não influencia as realizações práticas? Não está relacionado com a realidade objetiva do trabalho?

Eis uma boa oportunidade para repassar a diferença de função entre a capacidade intelectual e a espiritual. E aqui vai ela, de forma simplificada, ainda que se trate de um assunto que tem tudo para ser complicado.

A manifestação da inteligência

Nosso lado intelectual tem mais que ver com *capacidade objetiva* de ver e tratar as coisas em oposição à *capacidade subjetiva* do espírito. Tem mais que ver com formas de *com-*

preender, de *raciocinar*, de *processar* informações, conhecimentos e idéias. A inteligência, ligada à parte do cérebro que funciona como motor das formas de pensar, manifesta-se de maneira fria ou neutra na realização das tarefas ou atividades cotidianas, domésticas, de estudo ou de trabalho.

É como se fosse, mal comparando, o lado computador do ser humano.

A manifestação do espírito

O lado espiritual está mais ligado à alma, à *capacidade subjetiva*, e tem mais que ver não com o entendimento, mas com a *sensação* das coisas e das situações. Manifesta-se por meio de crenças, aspirações e visões (religiosidade, esperança, desejo), e de sensações e emoções (calma, alegria, tristeza, saudade, amizade, felicidade).

> Este é o lado que o computador não possui. (Será que algum dia vai possuir?)

O espírito dá o tempero especial às visões, percepções e sensações da vida. Com a inteligência, podemos olhar para um bosque e ver apenas um conjunto de árvores, mesmo que distinguindo diferentes tamanhos e tonalidades de verde. É com o espírito que percebemos belezas e sutilezas no formato e arranjo das árvores.

O espírito está mais associado às sensações íntimas, à visão e interpretação da vida, aos valores que damos às coisas, à religiosidade e a outros frutos da imaginação e da subjetividade.

Numa síntese objetiva: entendemos e racionalizamos com a inteligência. Sentimos com o espírito – também chamado de alma.

Mas, cá entre nós, não tornemos esta uma questão oito ou oitenta. Há, sem dúvida, participação, interferência ou influência de um no outro.

E então?

Esperando que essa rápida explicação ajude no entendimento da diferença entre intelecto e espírito, proponho voltarmos à questão formulada no título deste capítulo. É possível falar em competência espiritual?

Com certeza, sim. Se desenvolvemos nossa capacidade de aumentar e de dar um sentido mais objetivo para a espiritualidade. Se, consciente e decididamente, *aumentamos* e *melhoramos* nossa capacidade de perceber, de compreender e de sentir as coisas e situações.

É como se apertássemos um botão para ficarmos mais ligados, para aguçarmos nossa capacidade de sentir as coisas e situações que vemos ou observamos. Talvez seja necessário um pequeno treino a fim de se desenvolver essa competência.

Notem a importância do seguinte: assim como com o desenvolvimento das diversas formas de inteligências – mais ligadas à aquisição e aplicação de conhecimentos – podemos obter mais sucesso nas atividades profissionais e sociais, com o desenvolvimento do espírito podemos tirar mais proveito das outras coisas importantes da vida: a convivência social, a amizade, o amor, a confraternização e a solidariedade. E mais: podemos entender melhor as artes, compreender melhor as belezas da vida, perceber mais a perfeição da natureza e entender melhor também as imperfeições e surpresas que o mundo nos mostra.

Aumentar a capacidade de compreender e sentir a vida significa se tornar *mais competente espiritualmente*.

Feliz de quem tem ambas desenvolvidas: a inteligência e a espiritualidade.

Desenvolvendo a sensibilidade espiritual

Talvez possamos desenvolver a sensibilidade espiritual das seguintes maneiras: aprendendo, com treino e esforço do autodesenvolvimento, a ver coisas bonitas na vida; o lado inteligente das jogadas de futebol; a beleza das alegorias, a criatividade do enredo, da combinação do colorido das fantasias, a alegria das pessoas nos desfiles das escolas de samba; a graciosidade dos gestos e movimentos dos balés de palco e patinação no gelo; a capacidade de concentração e a precisão de movimentos dos atletas; a variedade de formas e cores na natureza; a harmonia obtida com um conjunto de instrumentos musicais diferentes; a beleza do vôo dos pássaros; o colorido dos arranjos de flores, e também das borboletas; a inocência do sorriso das crianças; o deslumbre do pôr-do-sol; o branco imponente da queda das cachoeiras; a impressionante tecnologia de um avião ou de um transatlântico moderno; as fachadas bonitas de alguns prédios; os desenhos aperfeiçoados dos carros; os gestos sinceros de amor e amizade; a beleza do trabalho voluntário, do mutirão e da solidariedade; as mensagens sugeridas nas poesias, a inteligência dos enredos dos romances etc.

Fazendo assim, tiraremos melhor e mais qualificado proveito da vida. Aumentaremos as sensações de prazer espiritual e de felicidade. E desenvolveremos ainda mais essa competência se afastarmos, mesmo que temporariamente, as contrariedades e preocupações diante das coisas bonitas da vida, conseguindo percebê-las e senti-las.

Se algum pessimista estiver pensando: "Mas o cara não fala das coisas feias que vemos na televisão e nos jornais todos os dias". Este cara responde: por isso mesmo precisamos aprender ou querer ver as realidades bonitas. Nem que seja só para contrabalançar com as realidades feias.

A inteligência nos permite entender as partes biológicas e químicas das plantas. Mas é o espírito que nos faz perceber e sentir a beleza de suas formas e cores.

A beleza está em todos os lugares. O mundo é uma grande e variada obra de arte. Precisamos aumentar nossa competência de percebê-las.

Anotem mais esta observação: ter muita inteligência nos ajuda a progredir no trabalho e na sociedade, *porém não garante que saberemos viver melhor e sentir o mundo melhor*. Aí entra a espiritualidade. Que também precisa ser desenvolvida. E manifestada.

Satisfações passageiras

Convenhamos que obter títulos e *status* social, e ainda usufruir de confortos e prazeres materiais, é uma conquista pessoal meritória – que não devemos desprezar. Muito pelo contrário. Mas dos pontos de vista espiritual e de motivação humana, talvez essas vitórias tenham um efeito menos duradouro. Depois dessas conquistas, fica uma sensação de que a vida não está suficientemente preenchida ou inteiramente satisfatória.

Essas conquistas, afinal, não satisfazem as expectativas e necessidades mais características do ser humano. É preciso construir uma base mais firme e permanente para a realização e felicidade das pessoas. E aí precisamos cuidar da valorização também do lado espiritual e do desenvolvimento da *competência espiritual*.

É preciso firmeza para dizer isto: podemos usufruir melhor da vida espiritual, por conta própria, por meio de desenvolvimento e realizações pessoais. Talvez até mais do que com a ajuda da confortante religião, dos argumentos tocantes dos livros de auto-ajuda ou mesmo das legítimas sensações e emoções buscadas em filmes e programas de TV.

O que se destaca aqui é nossa capacidade – nem sempre percebida – de melhorar a vida espiritual por empenho próprio.

Uma teoria de motivação que vem em boa hora

Ainda que o significado de *motivação* seja de amplo domínio, é conveniente trazê-lo à tona para reforçar o tema aqui e agora desenvolvido.

Motivação é a energia que nos impulsiona em direção a alguma coisa. É uma força interna que nos leva a uma ação determinada. Motivar vem de mover, movimentar. Agimos ou movimentamo-nos por força de necessidades humanas, ou em direção a um ou mais objetivos de vida.

É importante termos conhecimento, mesmo que por alto, da talvez principal (e definitiva) teoria de motivação focada nas necessidades humanas: a teoria de Maslow – que leva o nome de seu autor, Abraham Maslow. Para muitos, será o caso de relembrá-la.

De uma forma muito resumida, ela mostra que nós, os humanos, temos as seguintes necessidades fundamentais: i) físicas (alimentar-nos, respirar, descansar etc.) e de proteção (de ameaças diversas), como todas as espécies; ii) de *relações* e *convivências sociais*; iii) de ter as *qualidades e valores reconhecidos* (auto-estima); iv) de utilizar os *potenciais de criação* e *realização pessoal*.

As necessidades de número ii, iii e iv são as que indicam nossa superioridade sobre os animais e determinam nossa capacidade de contribuir com a dinâmica da sociedade e com a evolução do mundo.

Há controvérsias, alguns poderão dizer. Cachorro, gato e cavalo também possuem inteligência e têm lá suas necessidades "sociais" e de auto-estima. Tudo bem, mas digamos que no caso do ser humano a questão é mais ampla e complexa, e há certa prioridade no exame desta questão.

Os fortes apelos materialistas

Devemos estar atentos ao fato de que forças e pressões da sociedade direcionam a vida mais para o lado materialista. A poderosa economia de mercado se fortalece com a produção e o consumo de bens, que, por sua vez, atendem às necessidades mais básicas das pessoas: alimentar-se, cuidar da higiene e saúde, vestir o corpo, ter segurança, movimentar-se, ter lazer.

De outro lado, temos sido levados a uma perigosa acomodação aos prazeres estimulados de fora, especialmente pelos meios de entretenimento que ocupam espaços cada vez maiores na vida de todos.

As emoções estimuladas por agentes externos, como TV, cinemas, parques etc., são importantes e até necessárias – especialmente na fase infantil. Contudo, podemos, merecemos e precisamos de muito mais do que isso. Os mais preciosos e significativos momentos de satisfação vêm da convivência social e de nossas realizações, quando temos mais chances de mostrar nosso valor pessoal.

Muitos observadores e analistas do comportamento humano apontam, e eu assino embaixo, que as pessoas estão evoluindo muito, técnica e intelectualmente, mas bem pouco no que concerne à espiritualidade.

Isso atrasa o desenvolvimento do bem-estar e da felicidade de cada indivíduo, mesmo com todo o conforto que o dinheiro possa comprar.

E por falar em dinheiro...

Consideração – mais uma vez – sobre dinheiro x felicidade

A questão "dinheiro x felicidade" sempre surge nestas ocasiões. Espero contribuir, com os argumentos e informações a seguir, para não haver mais tanta necessidade de dizer que dinheiro ajuda, porém não assegura felicidade.

Como cidadãos comuns ou do mundo globalizado, é importante estarmos mais bem preparados para enfrentar as fortes e crescentes pressões por uma vida mais hedonista (de prazeres imediatos), em detrimento de uma vida de melhor qualidade emocional e espiritual, para a qual, cabe enfatizar, o ser humano tem tendência natural. E, por conseqüência, com a qual pode ser mais feliz.

Não é sem razão que – quando a sorte não nos impede – investimos boa parte da vida buscando saber e qualificação para um trabalho de maior valor, para uma participação social mais significante, para uma afirmação maior de nosso valor como gente.

É estimulante constatar as claras evidências de que nos acostumamos com as conquistas materiais e enjoamos rapidamente delas, porque não sustentam a satisfação com a vida, não asseguram a felicidade. Também as pessoas mais ricas tendem a sentir frustração, tédio e infelicidade se não buscarem os valores espirituais.

Já lhes ocorreu perguntar, caros leitores, por que os ricos continuam trabalhando? Podemos estar certos de que – exceções à parte – é a fim de dar mais significado à sua existência.

Para arrematar a certeza

Em seu livro *Felicidade* (2002), Eduardo Giannetti – economista, filósofo e cidadão participativo – faz o seguinte comentário:

> *Um estudo clássico de ganhadores de prêmios vultosos em loterias constatou que, passado o "pico" da euforia momentânea, eles não apresentavam níveis de bem-estar subjetivos distintos dos verificados entre os não ganhadores e relatam menor grau de prazer do que antes do prêmio, ao realizar seis afazeres do dia-a-dia [...].*

Em uma revista que se encontrava na sala de espera do meu dentista, li esta declaração da empresária brasileira Carolina Zani: "Não trabalhe por trabalhar ou para ganhar dinheiro. Trabalhe para se realizar".

Cabe acrescentar a idéia de que a riqueza obtida com esforço, inteligência e competência tem muito mais valor, especialmente porque é uma prova de sucesso.

Para terminar: gastamos boa parte da vida estudando e nos preparando para a *fase das realizações*, quando mostramos nossas competências no trabalho, na construção de família e nas outras participações sociais. Vale enfatizar que essas são as razões principais da satisfação ou felicidade humana.

Colecionem mais este belo pensamento:

> *"Eu dormia e sonhava que a vida era alegria.*
> *Despertei e vi que a vida era serviço.*
> *Servi e aprendi que o serviço era alegria."*

RABINDRANATH TAGORE
Escritor bengalês – prêmio Nobel de literatura

8

É preciso diminuir o "des" na vida

> *"Devagar nem sempre se vai ao longe."*
>
> DITADO POPULAR

O conhecido ditado – "devagar se vai ao longe" – precisa ser assim adaptado para ajudar na argumentação a seguir.

O grande desperdício de competências

Informações de boas fontes constatam que há um desperdício de cerca de 35% dos recursos materiais na sociedade brasileira. Nosso lixo é considerado o mais rico do mundo; traduzido em dinheiro, equivale a muitos bilhões de reais. Luxo inaceitável em um país com elevados índices de pobreza.

Comparado a essa informação, talvez o desperdício de competências e habilidades – que é o nosso caso – seja ainda maior, numa visão de conjunto das pessoas. Embora não haja maneira de medi-lo, é possível e suficiente estimá-lo.

De início, essa informação pode não chocar, já que no geral as pessoas não têm consciência de seu grande potencial de competências e, por conseqüência, da importância disso para sua vida. E se não pensam na perda individual, também não pensarão na perda coletiva.

Como autocrítica, podemos dizer que, se o grande desperdício de bens materiais denota pouca cidadania, o desperdício de competências e habilidades significa pouca visão social e das possibilidades humanas.

É preciso colocar essa questão de forma que nos incomode para, quem sabe, influenciar o surgimento de reações positivas.

Excesso de "des"

Já notaram como é freqüente o emprego de palavras de sentido negativo com o prefixo "des"? *Des*motivação, *des*ilusão, *des*ânimo, *des*orientação, *des*crédito, *des*interesse, *des*conhecimento, *des*confiança, *des*entendimento, *des*amor, *des*união, *des*respeito, *des*preparo, *des*fazer, *des*controle, *des*merecer, *des*regular, *des*entrosar, *des*prezar, *des*caso, e por aí vai.

Se a nossa realidade estiver nos levando a um excessivo uso dessas palavras, significa que nossa vida não está lá essas coisas. É duro reconhecer isso, mas é preciso.

E tal constatação confirma a proposição de que temos muito a fazer para aflorar e/ou desenvolver nossas competências. Competências pessoais, das organizações e também as sociais.

A propósito, assim como o gigante adormecido – Brasil – finalmente começa a se mexer a fim de se desenvolver, precisamos fazer o mesmo em relação a nosso gigantinho potencial de competências e habilidades escondido ou inativo.

Para ilustrar: como mostra este livro, de várias maneiras, possuímos mais de vinte tipos de inteligência e dezenas de habilidades em potencial. Levando uma vida acomodada ou tímida, provavelmente usaremos muito pouco esse precioso bem. Perdemos a chance de viver melhor. Um desperdício lamentável, é bom que se diga.

Do ponto de vista da linguagem, basta retirar o prefixo "des" e tudo se resolve. Mas do ponto de vista da consciência e do comportamento humanos, é preciso muito mais.

Desenvolver e aplicar competências é um caminho seguro para isto. E trata-se, como veremos, de um esforço que vale a pena. Do interesse de todas as pessoas, não importa idade ou profissão, assim como de todas as organizações.

O exemplo das boas empresas

Quem primeiro descobriu a importância do desenvolvimento de competências foram as empresas (nos Estados Unidos, pelo que pude apurar, foram os bombeiros e as enfermeiras, duas profissões que claramente precisam ser competentes). A valorização da competência resulta, conforme já vimos, da *era da competitividade*. Esportes à parte, são as empresas que mais dão vida à competitividade.

Mesmo entre elas, porém, apenas as de maior visão percebem isso. A maioria prefere continuar míope, acomodada e mais lenta nas reações às mudanças. Não é à toa que milhares de empresas abrem e fecham todos os anos. Ou mostram maus resultados. Só as competentes costumam lucrar de forma compensatória e sobreviver.

Esta afirmativa se aplica também aos profissionais: somente os competentes conseguem mais sucesso.

Sobra até para os dicionários, que precisarão redefinir o verbete competência a fim de ampliar e enriquecer seus sinônimos e conceitos.

Uma observação final

Quem – pessoas ou organizações – se dedicar mais rápida e efetivamente ao desenvolvimento de suas competências, terá mais garantia de sucesso e progresso.

O mundo moderno não dá moleza aos acomodados.

*"Quem não se preparar para o futuro
pode não ter futuro."*

MENSAGEM DE UMA EMPRESA MUNDIAL
A TODOS OS SEUS EMPREGADOS

9

Ser intelectual ou doutor significa ser competente?

> *"Não acho que haja relação estreita entre cultura e lucidez. Tem gente que sabe muito e não é lúcida."*
>
> RUY FAUSTO
> Professor e filósofo

Respondendo à questão do título: não necessariamente. O novo conceito e a nova dimensão da competência reduzem bastante o peso ou importância de títulos ou *status* profissionais, assim como o peso da erudição pura e simples.

Ilustrando com mais uma expressão popular – "tamanho não é documento" –, podemos dizer agora que título, cultura geral e erudição não são documentos suficientes para qualificar alguém como competente.

Muitas pessoas ainda acreditam que acrescentar diplomas ao currículo assegura a alguém a condição de "bam bam bam", ou mais respeito e admiração. Isso está caindo por terra.

A valorização da competência vai mudar os critérios de seleção, promoção e remuneração dos profissionais mais importantes para as organizações e para a sociedade.

> Mas não devemos pensar que os diplomas e a erudição perdem sua importância. Não se pode deixar de atentar e cuidar do fator realização, da aplicação prática.

Demonstrando a objetividade

Analise as seguintes perguntas, atento leitor: podendo escolher, você consulta qualquer médico ou advogado? Entrega seu projeto a qualquer engenheiro? Faz análise com qualquer psicanalista? Trata-se com qualquer dentista? Só pelo fato de terem diplomas pendurados na parede?

Quando buscamos recomendações de profissionais, já estamos selecionando com base em competências, ainda que sem consciência disso.

E mais: agrada-lhe a atuação de todos os artistas de filmes ou novelas? Tem boa lembrança de todos os professores? Foi igualmente bem atendido por todos os vendedores de lojas? Agora que já domina o conceito de competência, verifique se não foi este o fator determinante para a escolha de seus preferidos.

Embora muitas pessoas possuam capacidade mais ou menos desenvolvida de separar os bons dos maus, ou dos não tão bons, na verdade elas não estão acostumadas a diferenciar esses profissionais sob o prisma de competências objetivas. Usamos qualificações genéricas: fulano é muito bom, é muito experiente, é muito talentoso, e assim por diante.

Muito raramente, alguém usa expressões ou qualificações específicas e adequadas para mostrar as qualificações de profissionais: meu médico é muito *preciso nos diagnósticos*; aquela artista é bastante *versátil e hábil na representação de personagens*; o decorador que contratei domina muito bem as *técnicas de iluminação de ambientes*; a jornalista *redige com impressionante clareza e propriedade*; o dentista é muito *paciente e habilidoso no trato* com os clientes; a enfermeira que me atendeu revela bastante *empatia em relação ao sofrimento das pessoas*; meu mecânico *identifica os defeitos do carro com rapidez e precisão*; gosto de comprar com aquele vendedor porque ele *tem bom gosto, é atencioso e bem humorado*.

Sob ângulo inverso, podemos dizer: aquele advogado mostra *pouca objetividade no encaminhamento das questões*; os economistas que debateram o assunto são *demasiado teóricos na análise das questões e pouco sensíveis aos problemas da população*; o gerente do meu departamento é *pouco objetivo e também desorganizado na condução das reuniões*; o jurado tal daquele programa de calouros sabe mostrar-se simpático, mas é *pouco criterioso e coerente nas avaliações* que faz das qualidades dos candidatos.

Dessa forma, mostramos ter noção do que significa competência e também de como ser objetivos nas avaliações que fazemos das coisas e situações.

Novamente a questão saber saber e saber fazer

Não se trata de maneira nenhuma – é preciso reforçar – de diminuir o valor ou importância dos cursos superiores e dos títulos, assim como da busca por maior erudição. É desejável que as pessoas estudem muito e obtenham diplomas e títulos. O que se destaca aqui é a relação entre título e erudição x desempenho.

Ainda que constituam fatores importantes para o progresso e sucesso profissionais, os títulos e a erudição por si sós não garantem bom desempenho. O saber apenas não é suficiente para assegurar boa prática. Mesmo com diversos títulos e muita erudição, podemos mostrar-nos insuficientemente competentes. A competência se caracteriza – vocês já sabem, mas vale a pena repetir – pelo *saber fazer*, que significa capacidade desenvolvida de realização, de colocar as teorias em prática. E ainda por obter resultados positivos.

Há algumas poucas situações em que títulos e erudição podem bastar – ao menos ter maior peso. É o caso do membro de uma Academia de Letras ou Ciências, ou de um especialista num centro de pesquisas científicas.

É importante atentar para o seguinte: além de se empenhar para obter diplomas, deve-se procurar desenvolver a capacidade de realização prática, de aplicação competente dos conhecimentos.

Em algumas questões importantes, vale correr o risco de parecer repetitivo.

E como fazer isto?

Eis uma boa pergunta.

Cabe lembrar que certos cursos de formação incluem necessariamente alguma prática durante a sua realização – como medicina, odontologia, enfermagem e outros. Mas não a maioria. Sem falar que os cursos de nível médio, que antecedem os de nível superior, não são nada práticos e, em grande parte, mostram-se pouco úteis para a formação profissional. Ademais, é sabido que bom número de escolas oferece ensino de baixa qualidade.

Em 5 de março de 2007, a *Folha de S.Paulo* publicou matéria com esta manchete: "Todas as escolas estaduais de SP têm nota abaixo de 50". E complementa a notícia: "De zero a cem, a média de pontos no Enem dos 621 colégios foi de 38,42".

Independentemente, porém, de maior ou menor possibilidade de estágio prático, é preciso ficar bem claro que: o fato de o curso proporcionar alguma prática não significa que todos serão igualmente competentes no exercício de suas atividades profissionais. Afinal, as pessoas possuem um histórico diferente de desenvolvimento de competências.

Já dizia o dramaturgo romano Terêncio (ainda antes de Cristo): "Se duas pessoas fazem a mesma coisa, não é a mesma coisa".

Elas desenvolvem diferentemente, ao longo da vida, suas aptidões, habilidades e capacidades de obter e aplicar conhecimentos. Sem falar que os indivíduos mostram diferentes características de personalidade, e até mesmo diferentes formações de princípios e de ética. Por tudo isso, em qualquer profissão, as pessoas têm diferentes desempenhos.

Algumas sugestões

Há maneiras – ainda que poucas e de curta duração – de se aplicar as teorias na prática, no caso dos cursos predominantemente teóricos. Vejamos algumas:

- Fazendo estágios. Os programas de estágios das empresas abrem, porém, poucas vagas em relação à quantidade de pessoas que completam os cursos. Os interessados devem tomar a iniciativa de encontrar e/ou criar oportunidades para isso, oferecendo-se, por exemplo, a empresas que ainda não possuem tais programas. Mesmo sem ou com pouca remuneração.

- Identificando e oferecendo-se para participar de projetos de engenharia, administração, pesquisa econômica etc. em organizações especializadas e/ou de consultorias.

- Direcionando, ou redirecionando, sua carreira para atividades ou funções que combinem melhor com os cursos feitos.

- Fazendo cursos de complementação ou especialização que ofereçam oportunidades de aplicação prática.

O esforço para localizar essas oportunidades permite, por si só, aplicar ou desenvolver competências de iniciativa, pesquisa de mercado, empreendedorismo, entre outras.

É necessário considerar ainda...

Alguém poderá pensar: então não adianta a gente se empenhar; se as coisas se definem pela vida e pela natureza, a questão é tocar o bonde, e seja o que Deus quiser.

Não é bem assim. As pessoas têm diferentes graus de competência. Este livro mostra de forma bastante variada e enfática que todas as pessoas podem, como um vulcão, expelir suas competências inativas, ou desenvolver muitas outras. E ficar melhores do que estão. Não há limites para o desenvolvimento de competências.

Precisamos, contudo, aprender a fazer isso. Com o que já foi visto e com o que vem pela frente, poderemos cuidar bem do *autodesenvolvimento*.

> *"Não é sábio quem sabe muitas coisas,*
> *e sim quem sabe coisas úteis."*
>
> ÉSQUILO
> Dramaturgo e poeta grego de antes de Cristo

10

Competências
requeridas
pelas profissões

Vale a pena repetir:

*"Quem não tem competência
não se estabelece."*

DITADO POPULAR

Terão os profissionais das diversas especialidades consciência das competências necessárias para alcançar sucesso na carreira? Existem maneiras de se conhecer previamente essas competências? Vocação é algo a ser levado a sério? O que significa polivalência?

São interessantes temas que abordaremos neste e nos dois próximos capítulos.

Vocação

Há muito tempo se aplicam testes vocacionais. O fato de não terem se proliferado, não terem sido tão levados em conta ou ainda oficializados são indicadores de que não carregam suficiente confiança ou credibilidade.

Os leitores poderão fazer o mesmo que eu, procurando na internet subsídios e opiniões a respeito de vocação profissional. Fica claro que se trata de uma questão muito vaga e com indicadores imprecisos.

Ninguém melhor do que David McClelland – talvez o principal pioneiro na introdução do novo e ampliado conceito de competências, por volta de 1973 – para mostrar a importância relativa dos testes de seleção profissional (que não deixam de ser testes vocacionais).

McClelland e sua equipe descobriram, na prática, que a seleção de pessoas realizada somente com testes psicotécnicos, por mais sofisticados que fossem, não assegurava o bom desempenho dos escolhidos. Essa descoberta o levou a desenvolver as primeiras idéias sobre o valor do fator competência para o êxito pessoal e profissional das pessoas. No meu *O livro das competências* (2000) falo um pouco mais sobre essa questão.

Cabe dizer que os testes vocacionais tiveram e têm alguma utilidade, mas não puderam fazer muito, porque evoluíram pouco em objetividade no que diz respeito a avaliação e mensuração de competências.

Aspectos mais especificamente relacionados com *talento* e *policompetência* serão tratados nos próximos capítulos.

Competências profissionais

Embora seja um assunto sobre o qual ainda há muito a dizer, já se pode descrever, bastante objetivamente, as competências e habilidades requeridas a quem exerce cargos nas empresas ou atua como profissional liberal.

Faço essa afirmação com base numa experiência prática de identificação das competências dos cargos e, conseqüente, avaliação de seus ocupantes, em algumas dezenas de empresas. Essa experiência propiciou identificar e descrever as competências de mais de três mil atividades profissionais.

Será apresentada, a seguir, como forma de ilustrar a teoria, as competências requeridas de uma determinada profissão. O meu livro, *Compreendendo o seu CHA*, que está sendo lançado, paralelamente, traz requisitos de competências e habilidades de 26 das principais profissões e cargos do mercado.

Posso fazer uma auto-avaliação confiável?

Sim, não há necessidade de precisão técnica e matemática para se conhecer as características pessoais, até porque é muito difícil mensurar características e comportamento humanos.

O importante é aprender a fazer a melhor auto-avaliação possível. Mesmo que incompleta e com algumas imperfeições, ela sempre será útil.

Além do mais, a fim de conferir a auto-avaliação, você pode conversar com pessoas íntimas e confiáveis e obter delas a percepção a seu respeito, o que poderá melhorar o autoconhecimento.

O mais importante nesta abordagem é a definição do perfil de referência; talvez a mais objetiva, organizada e abrangente já feita – pelo menos divulgada. A partir daqui, já se pode aperfeiçoar formas de autoconhecimento, avaliação e *feedback*.

O perfil de competências de uma profissão

A ilustração do cargo ou profissão de nutricionista, a seguir, tem o mesmo padrão daquele apresentado em *Compreendendo o seu CHA*, parte da quadrilogia que este livro integra. A sigla se refere à indicação de **c**ompetências, **h**abilidades e **a**ptidões de um cargo.

Escolheu-se o exemplo do nutricionista por se tratar de uma profissão dentre aquelas mais modernas e cujo mercado de trabalho cresce significativamente.

NUTRICIONISTA

1 Campo de atuação

A profissão de nutricionista é uma das que poderíamos chamar de profissão moderna, e que passa por um momento bastante favorável de valorização. Isso ocorre pelas seguintes razões principais: i) grande parte da população está tomando consciência, com ajuda das mídias, da importância dos cuidados com a alimentação, por razões de saúde e também de estética corporal; ii) cresce o número de empresas que fornece refeição aos empregados em restaurantes próprios, normalmente dirigidos por nutricionistas; iii) em virtude do aumento da concorrência em preparar e fornecer refeições nas empresas – em regime de terceirização –, as organizações especializadas têm se aprimorado na melhoria da qualidade das refeições, assim como no atendimento aos usuários, estando os nutricionistas totalmente envolvidos com esse movimento; iv) cresce também o número de hospitais e hotéis, que vêm descobrindo a conveniência de ter nutricionistas em seus quadros.

Portanto, os nutricionistas estão com tudo e não estão prosa, como se diz popularmente. E a tendência é que o mercado de trabalho melhore muito no futuro, considerando que o Brasil deverá crescer economicamente e evoluir social e culturalmente nos próximos anos. O número de empresas, hospitais, hotéis e restaurantes – campo de trabalho principal de nutricionistas – deverá aumentar quantitativa e qualitativamente.

2 Competências técnicas (*domínio de conhecimentos*)

Os conhecimentos técnico-científicos fundamentais desta profissão são os seguintes: ciência da nutrição e da alimentação, engenharia de alimentos, técnicas dietéticas, biologia, química, saúde pública, noções de economia, de administração, de psicologia e de estatística.

De modo mais específico, nutricionistas devem ter conhecimentos amplos da propriedade dos alimentos e de seus efeitos na saúde das pessoas; conhecimento da organização de uma cozinha industrial e das condições de estocagem dos alimentos; das técnicas de preparação e cozimento dos alimentos; das fontes de fornecimento dos alimentos e insumos para a cozinha; de formas de higienização de alimentos e refeitórios; conhecimento das técnicas de formar e conduzir equipes de cozinha e refeitórios.

3 Competências de atuação profissional (*saber fazer ou atuar, saber aplicar conhecimentos e experiências*)

Ter visão de conjunto da organização e funcionamento de cozinhas industriais, restaurantes e refeitórios coletivos. Conhecer bem as características ou especificidades de restaurantes de hospitais, hotéis, indústrias e comércio alimentar. Ter muito bom conhecimento das propriedades, da combinação dos alimentos e de seus efeitos na saúde das pessoas. Saber planejar, organizar e adequar cardápios para diferentes situações, em função do tipo de organização e comensais, de culturas regionais, dos recursos disponíveis e de tipos de comemoração. Saber avaliar a qualidade dos alimentos adquiridos e então preparados. Ter capacidade para elaborar e aplicar orientações nutricionais a pessoas que fazem regime de saúde. Saber orientar a aquisição, organização e estocagem dos alimentos, além de avaliar condições de higiene de pessoas, objetos e condições físicas das cozinhas e refeitórios. Saber treinar profissionais para atuar em restaurantes e refeitórios. Capacidade para distribuir tarefas e organizar escalas de trabalho. Saber apurar e controlar os custos das refeições. Possuir domínio e saber aplicar a legislação sanitária e as normas do Ministério do Trabalho. Capacidade para ministrar palestras sobre educação alimentar. Saber utilizar recursos de informática aplicados ao trabalho.

4 Habilidades (*competências facilitadoras do saber fazer*)

Ter habilidades de liderança. Habilidades organizativas. Habilidade para solucionar problemas práticos. Habilidade para improvisar soluções. Habilidades de negociação em compras. Habilidade para administrar conflitos. Saber ser flexível nas posturas e atitudes. Mostrar espírito preventivo e proatividade. Possuir dinamismo bem administrado. Habilidade para adotar postura exigente. Habilidade didática para dar orientações, esclarecimentos e palestras.

5 Aptidões (*capacidades mentais, físicas e motoras, inatas e aperfeiçoadas*)

Possuir inteligência prática. Inteligência espacial. Raciocínio lógico e dedutivo. Aguçada percepção de detalhes. Capacidade visual e olfativa. Resistência à fadiga.

6 Competências emocionais

Saber controlar as emoções. Ter capacidade de manter o bom humor. Ser paciente com os problemas dos subordinados e também com usuários exigentes e reclamadores.

7 Competências sociais

Demonstrar criatividade e entusiasmo nas promoções e comemorações festivas promovidas pelo refeitório. Manter-se bem humorado nas variadas formas de relação. Demonstrar sensibilidade e empatia em relação às necessidades alimentares das pessoas.

Além da profissão de nutricionista, o livro apresenta os perfis das seguintes profissões e funções: administrador, advogado, agrônomo, arquiteto, ator, assistente social, auditor, contador, dentista, economista, enfermeiro, engenheiro, especialista em RH, especialista em TI, especialista em vendas, farmacêutico, fisioterapeuta, geólogo, jornalista, médico, professor, psicólogo, químico, secretária e sociólogo.

11

A diferença
entre ter
talento e ser
competente

> *"Quando dois elefantes brigam,*
> *quem sofre é a grama."*
>
> Provérbio africano

Eis outra questão que merece ficar bem esclarecida – porque é de grande interesse pessoal, profissional e social.

Os leitores já devem ter notado que se tem badalado muito, nos últimos tempos, a figura do talento. A explicação é a seguinte: a rápida evolução das tecnologias, de um lado, e o aumento da complexidade das organizações, de outro, obrigam os responsáveis por elas a contar com pessoas destacadamente competentes, as quais estão sendo chamadas de "talentosas".

Abrindo parênteses

Cabe encaixar no meio deste assunto o registro – não muito agradável por sinal – de que a evolução rápida das tecnologias e o aumento crescente da competitividade têm levado as empresas a uma constante busca por modernização e racionalização. O que é necessário para elas, mas ruim para os trabalhadores e a sociedade.

Trata-se da famosa, porém não muito simpática, *reengenharia* – que não é um fenômeno recente. A racionalização de organizações, visando aumento de eficiência com redução de custos e quadro de pessoal, sempre existiu. O que é recente, como muitos outros fenômenos, é a sua velocidade e os impactos negativos que causaram.

Um filme de treinamento mostra determinada fábrica de aparelhos de telefones, na década de 1930, com cerca de 32 mil empregados. Para ter semelhante produção, hoje, a mesma fábrica não precisaria de mais do que quinhentos colaboradores, provavelmente. Naquela época, o trabalho era em grande parte manual; ao contrário de agora, quando a construção dos aparelhos é quase totalmente processada por equipamentos.

Com a evolução cada vez mais rápida das tecnologias, as máquinas e equipamentos ficam mais complexos e sofisticados e precisam menos do esforço braçal. Requerem maior aplicação de conhecimentos, mas um menor número de pessoas.

As indústrias vêm perdendo presença e calor humano. Estão se tornando gigantes automatizados. Felizmente, o setor de serviços, que ainda utiliza maior quantidade de pessoas, é o que mais cresce no mundo.

• COMPETÊNCIA, SUCESSO, FELICIDADE

De qualquer modo, pela necessidade de contar com pessoal mais qualificado e competente – sejam técnicos ou gestores –, introduziu-se a expressão *talento*, que se encontra hoje em plena evidência.

Explicando a diferença

Esclareçamos melhor o conceito de talento: no que ele difere do de competência?

Ambos, talento e competência, significam *melhor qualificação e desempenho das pessoas*. As organizações que pretendem ser competitivas e ter bons resultados precisam, cada vez mais, dispor de pessoal talentoso e competente.

No conjunto de seus capítulos, entretanto, este livro deixa claro que o mais importante para todos – empresas e empregados – é ser competente. E o significado de competência é mais abrangente e menos elitista do que o de talento.

Observa-se, contudo, uma diminuição no rigor desse conceito, pois, em virtude do aumento da competição e de complexidades, vem crescendo a necessidade de mais pessoas competentes nas organizações. Tal como acontece no futebol, não basta ter jogadores talentosos para que o time ganhe campeonatos. É preciso ter técnico (liderança) e jogadores competentes nas suas posições e papéis, e também no entrosamento.

O conceito de talento tende a ficar menos elitista. Será correto chamar de talentos não mais uma minoria, mas um maior número de pessoas que saibam desenvolver e aplicar conhecimentos e habilidades em suas organizações.

Importante: o movimento de valorização da competência não se preocupa em elitizar, em criar classes de pessoas especiais. Pelo contrário, objetiva estimular as pessoas em geral a descobrir e desenvolver seu potencial de CHA.

Assim como há mais times de futebol querendo fazer bonito e mais países disputando o título mundial, há maior quantidade de empresas precisando mostrar qualidade, criatividade e ganhar concorrências. E há, dentro das organizações, mais áreas precisando mostrar serviço.

O que cabe considerar a respeito de talento

Não se quer aqui condenar a utilização do conceito de talento – que, na verdade, tem até certo charme. Entretanto, à exceção talvez do meio artístico, é preciso saber o risco que se corre.

• COMPETÊNCIA, SUCESSO, FELICIDADE

Trata-se do risco de criar castas de privilegiados, trazendo complicações para os gestores e para a área de gestão de pessoas, além de poder afetar a auto-estima dos demais colaboradores. Entre os quais, é bom que se destaque aqui, encontram-se os "carregadores de piano", os colaboradores que efetivamente dão sustentação às empresas – e que, por isso, merecem também muita atenção e consideração.

Já conhecemos bem a situação de um time de onze jogadores que possui dois ou três talentos, mas que não ganha o jogo só com eles. Muitos dos outros são os tais "carregadores de piano".

Aqui vai uma sugestão para os que são considerados talentos: mais do que com a distinção de título, preocupem-se em conquistar o reconhecimento pela valorização de suas competências, e em obter boas recompensas financeiras e psicológicas. Mais ainda, em contar com a admiração – e não o ciúme, inveja ou antipatia – dos colegas. Preocupem-se, antes de tudo, em se sentir realizados e felizes no trabalho e na vida.

"Toda a sociedade ganha com a proliferação dos talentos."

AUTOR ANÔNIMO

12

Todos são policompetentes, inclusive você

> *"Cada um de vocês é melhor do que pensa."*
>
> LUIZ CARLOS QUEIRÓS CABRERA
> Caçador de talentos e "guru" de gestão de pessoas

Além da questão do talento, esta outra também merece ser reconsiderada: *a pluralidade de vocações*. Ou pluralidade de competências para exercer diferentes funções ou atividades profissionais.

Esclareçamos logo de início esta questão: quantas profissões vocês acreditam poder exercer, interessados leitores? Quantos trabalhos ou atividades diferentes podem aprender e executar bem?

Em determinado momento decisivo da vida, a maioria das pessoas se prepara para uma profissão principal. Entretanto, como já vimos no capítulo 4, muitas descobrem, com a experiência, que podem aprender e exercer diferentes tipos de trabalho, caso seja necessário.

Na verdade, é grande o número de pessoas que exercem diferentes atividades, algumas para ganhar dinheiro, outras por dever social e outras ainda por *hobby* ou diversão. Muitas vezes, enganamo-nos ao pensar que as competências mais importantes são as que aplicamos no trabalho principal de sustentação. Várias situações de vida são também importantes, e aplicamos competências em todas elas.

É sabido que médicos, dentistas, advogados, químicos, administradores, engenheiros, psicólogos e outros profissionais especialistas mostram habilidades e gostam de trabalhos de carpintaria, mecânica, desenho, pilotam avião, praticam a culinária, ou ainda sabem tocar bem instrumentos musicais. Muitos deles descobrem-se também bons professores.

Ilustrando a policompetência

Todos somos, ou podemos ser, polivalentes. Se descobrimos isto apenas agora, é porque o mundo atual o exige ou estimula mais do que o mundo passado.

Por uma questão de praticidade, ilustraremos a teoria com meu próprio exemplo, que considero bastante esclarecedor. Posso assegurar que sou pessoa simples e discreta, e afirmo que até pessoas próximas ficarão surpresas com as informações que fornecerei a seguir a meu respeito.

É a primeira vez que reúno todas essas informações. E, de repente, me dou conta de que, ao mostrá-las, posso estimular outras pessoas a se dedicar a variadas atividades, a

• COMPETÊNCIA, SUCESSO, FELICIDADE

encher a vida de múltiplas realizações. Garanto que ela fica muito mais interessante, e nem é preciso exagerar, como eu fiz.

Vamos lá. Por circunstâncias de vida, vi-me desdobrado em atividades pessoais e profissionais. Exerci ao longo da trajetória de trabalho, começando por volta dos 11 anos, quase vinte atividades – inclusive diversas profissões. A maior parte como forma de ganhar dinheiro, e outras como *hobby*, diversão ou participação social (cidadania).

Essas atividades exigiram ora *aplicação de conhecimentos*, ora *habilidades espirituais e emocionais*, ora ainda *aptidões físicas e motoras*, elementos que compõem as capacidades – ou competências – do ser humano, conforme vimos em capítulo anterior.

Vejamos algumas atividades desenvolvidas como forma de ganhar dinheiro: *engraxate, baleiro* (vendia balas em cinema), office-boy, *vendedor-balconista, auxiliar de escritório* (em três áreas diferentes), *empreendedor de pequenos negócios, técnico de pessoal, supervisor e gerente de RH, diretor administrativo, diretor de escola, consultor de empresas, professor, palestrante, empresário, escritor*.

Agora, algumas como *hobby*, diversão ou atividade complementar: *motorista, percursionista* (diversos instrumentos), *jogador de futebol* (cheguei a participar de alguns treinos e jogos no juvenil do Clube Atlético Mineiro), *líder de escola de samba* (em cidade do interior), *síndico de edifício, organizador de teatro empresarial, membro de associações profissionais e culturais, jogador de vôlei, de xadrez, de baralho* (truco, canastra e pôquer, que requerem habilidades diferentes), *de bilhar* e *de ping-pong*. Sem falar na importante e complexa função de chefe de família.

Percebe-se que tive uma vida cheia e emocionante, não?

Observemos agora – o lado que mais interessa – quantas competências e habilidades apliquei no exercício dessas atividades.

Como competências de conhecimento: atividades de atendimento ao público, execução de serviços diversos de escritório, incluindo o uso de máquina de datilografia, máquinas calculadoras e (mais tarde) microcomputador; aplicação de legislação trabalhista na confecção de folha de pagamento; conhecimento de tesouraria e banco; execução de serviços especializados de RH (seleção, treinamento, salários, avaliação de desempenho, carreira, segurança do trabalho etc.); aplicação de técnicas de supervisão e gerência; atuação como professor de português (língua e literatura), com uso de técnicas didáticas; atuação como instrutor de liderança e técnicas de gestão; realização de atividades que requeriam técnicas de diagnóstico e elaboração de relatórios, de condução de reuniões, de trabalho em equipe, de redação, para fazer palestras e conduzir seminário e *workshop*, técnicas e estratégias de consultoria etc.

Como aptidões e habilidades: habilidades físicas e manuais, resistência à fadiga, inteligência prática, muita memória, habilidade de percepção, agilidade mental, habilidade numérica e para cálculos, habilidade para falar com desenvoltura, habilidades de redação, criatividade, habilidade de improvisação, de relacionamento, de influenciar pessoas, capacidade organizativa, determinação e persistência, autoconfiança, empatia.

Estou certo de que, se muitos dos que lêem este livro fizerem um levantamento semelhante, vão se surpreender com sua policompetência.

As pessoas têm grande capacidade de aprender e realizar

Mais do que imaginamos, o ser humano é capaz de aprender e realizar diversos feitos. As pessoas, regra geral, possuem essa capacidade de aprender e fazer muitas coisas. É questão de vontade e de oportunidade.

Destaquemos o fator *vontade*, por se tratar de uma questão fundamental. Podemos nos dispor a aprender e realizar muitas coisas, podemos descobrir o quanto somos capazes, e ainda quantas competências e habilidades podemos desenvolver – e o fazemos. Mas, como vimos no capítulo 3, se faltar vontade...

Embora já tenha feito esta provocação no primeiro capítulo, volto a fazê-la agora: quantas competências e habilidades você acha que possui? Quantos conhecimentos e habilidades acha que pode ou gostaria de desenvolver para *tornar sua vida mais interessante e com maiores possibilidades de realização pessoal e profissional*? Sugiro que pegue caneta e papel e faça um levantamento. A essa altura você já domina bem este assunto e, certamente, vai se sentir feliz com a descoberta.

Falaremos um pouco mais sobre possibilidades profissionais, mas de outro ângulo, no próximo capítulo.

> *"A única segurança verdadeira consiste numa reserva de sabedoria, de experiência e de competência."*
>
> HENRY FORD
> Fundador da Ford

13

Policompetência
x
empregabilidade

> *"Aprendizado significa aumentar nossa capacidade de agir e alcançar uma evolução sustentada de performance."*
>
> PETER SENGE
> Professor, filósofo, escritor e consultor

Para dar continuidade ao assunto do capítulo anterior, atentemos para a seguinte questão: o fato de podermos ser polivalentes – ou policompetentes, como preferirem – não elimina a idéia de que temos mais tendência, mais jeito ou mais facilidade para determinadas atividades ou profissões.

No meu caso, apresentado como exemplo, posso assegurar que me senti e me saí melhor em algumas atividades. Não em todas. Teria sido um jogador de futebol ou um músico medíocre; da mesma forma que fracassei como comerciante, entre outras tentativas. Mas acho que me dei bem como gerente, professor e consultor. Quem sabe também como escritor (afinal, já escrevi dezesseis livros, incluindo este).

O que importa considerar é a idéia da ampliação de possibilidades de atuação pessoal e profissional com bons resultados. O mundo moderno exige isso das novas gerações. Exige que todos sejamos pelo menos um pouco polivalentes e versáteis.

O mercado de trabalho
já não é mais o mesmo

Nestes tempos de grandes transformações, surge uma nova e forte razão para sermos policompetentes: a questão moderna da empregabilidade. Quem quiser conhecer melhor o tema precisa ler um dos livros de Augusto Minarelli, pioneiro e grande especialista no assunto.

Mudanças significativas vêm acontecendo no mercado de trabalho: nas formas de geração de emprego, na sua duração, nas relações de trabalho e nas formas de contratação de pessoas.

O conceito de empregabilidade surgiu em virtude dessa nova realidade. A palavra refere-se à necessidade de nos adaptarmos às novas situações do mercado de trabalho. À necessidade de nos prepararmos para empregos de menor duração; de nos adaptarmos a diferentes situações e condições profissionais, inclusive de trabalhar em casa; e ainda de trabalhar algumas vezes por conta própria.

Cuidar de nossa empregabilidade é, enfim, uma necessidade da vida moderna.

E cabe deixar registrado também que, em função da maior exigência de qualificação profissional decorrente do aumento de concorrência no mercado de trabalho, muita gente está buscando fazer cursos de especialização, pós-graduação e mestrado. Até porque os cursos de graduação não têm se atualizado devidamente.

As causas

Essas mudanças no mercado de trabalho ocorrem por várias razões. Embora conhecidas, elas merecem ser lembradas, acrescentando novos elementos:

- A primeira causa é o rápido desenvolvimento das tecnologias de produção, que gera a automação e a robotização, ou o aumento do poder das máquinas de produzir com poucos operadores (ou mesmo de substituir pessoas). Vejamos o exemplo dos caixas bancários. Eles estão sendo gradativamente substituídos por aquelas máquinas cada vez mais presentes nas agências, supermercados, aeroportos etc.

- A automação de máquinas e equipamentos também vem causando o fim das funções manuais simples, anteriormente abundantes na maioria das fábricas, gerando grande desemprego.

- O surgimento de profissões novas e de alta especialização, para as quais não existe pessoal preparado ou disponível.

- Os avanços da informática e a revolução da Internet. Apesar de já termos nos acostumado com isso, nem todas as pessoas prestam a devida atenção aos seus efeitos de redução e simplificação das coisas, em prejuízo do emprego.
- A Internet incentiva as comunicações e reuniões virtuais, de um lado; e reduz a necessidade de viagens a serviço, de outro, eliminando postos de trabalho, de algum modo.
- Em virtude das facilidades de comunicação, e para reduzir custos, as empresas estão terceirizando atividades e permitindo ou favorecendo o trabalho em casa.

Não tenho número preciso, mas há registros de que, nos Estados Unidos, alguns milhões de pessoas trabalham de casa com alguma forma de relação contratual.

- O já mencionado fenômeno da globalização. Com o aumento das facilidades de comunicação e transporte, o mundo da produção e dos negócios está diminuindo de tamanho, afetando também o mercado de trabalho. Um exemplo: as multinacionais contavam com uma diretoria quase independente em cada país em que atuavam. Agora, evoluem para ter a mesma diretoria por continente, abrangendo vários países.

O surgimento de novas profissões

Uma outra característica destes novos tempos que mostra variações no mercado de trabalho é o crescimento e o desdobramento das atividades profissionais. Atualmente, é muito comum o surgimento de subespecializações dentro das especializações.

Comparemos, por exemplo, as especializações em engenharia e medicina de quarenta anos atrás com as de hoje. Por outro lado, verificamos a criação de cursos especializados de nível superior próprios da modernidade: comunicação, alimentação, turismo, propaganda e marketing, moda etc.

Diante disso, nota-se que não são poucas as transformações que vêm afetando o mundo do trabalho.

Quem não tem competência não se estabelece

Aqui também vale relembrar esse conhecido ditado. Desempregadas e com suas oportunidades de trabalho reduzidas, muitas pessoas resolvem improvisar, atuando como empreendedores de negócios ou comerciantes. Acreditam que essa seja uma saída fácil.

A realidade está mostrando que não é. Grande parte se dá mal e perde suas economias tão duramente conseguidas. Tem ficado claro que é uma perigosa aventura andar se arriscando em negócios a torto e a direito.

Verifica-se que a maioria dos fracassos nas tentativas de adaptação a uma nova realidade profissional se dá, em parte, por falta de "vocação", ou falta de jeito para a coisa; e, em parte, por falta de experiência – na verdade por falta de competência, confirmando o título acima.

Alguns especialistas em recolocação profissional têm alertado sobre essa questão. Vou citar um psicólogo amigo, especialista em recolocação profissional, João Marcos Varella. Eis um trecho de artigo de sua autoria:

> *Alguns aposentados ou demitidos decidem empreender. Muitos optam por atividade comercial como se, sendo bons clientes, seriam bons empresários. Uma coisa é ser gerente ou diretor de uma área de uma empresa estruturada; outra coisa é ser proprietário de uma empresa em que se tem de cuidar de tudo. Exige-se mais dedicação, adequação de personalidade e competências do que se imagina para se empresariar um restaurante, uma pizzaria ou uma loja de roupas. Muitas vezes o negócio sofre conseqüências negativas das limitações do dono.*

Sob outros ângulos do problema, o já mencionado especialista em empregabilidade, Augusto Minarelli, tem feito reiterados alertas.

As realidades são outras

Em saudosos tempos de maior estabilidade tecnológica e econômica, as pessoas podiam pensar em uma carreira única e em um emprego duradouro. Agora não mais.

O mundo continua evoluindo com mais rapidez e as mudanças acontecendo com maior freqüência e profundidade. Assim sendo, precisamos considerar que a vocação tenha ainda algum sentido, mas de forma mais flexível.

Nos tempos atuais, o famoso ditado popular de origem mineira, "cautela e caldo de galinha não fazem mal a ninguém", não pode ser levado tão a sério. É preciso ousar um pouco mais.

Maquiavel pode ter razão nesta afirmativa:

"A sorte se deixa vencer mais pelos audaciosos do que pelos prudentes."

14

Competência ajuda
a vencer timidez
e insegurança

> *"Nada está tanto em nosso poder*
> *como a própria vontade."*
>
> SANTO AGOSTINHO

Timidez não impede autoconfiança

Certamente você já viu alguém, diante de uma situação difícil ou de um desafio, dizer assim: "Eu confio no meu taco" ou "Eu dou conta do recado". E fazem essa afirmação com certo orgulho e satisfação.

Traduzindo isso para o nosso tema, significa dizer: "Eu me sinto competente para resolver esse problema, para enfrentar essa situação".

E a boa notícia é que a timidez não impede o desenvolvimento e a aplicação de competências. Pode no máximo afetar um pouco a autoconfiança e a iniciativa para demonstrá-las.

Porém, à medida que o indivíduo consegue se encorajar e se soltar, cresce a autoconfiança e ele descobre o potencial já existente e a capacidade de desenvolver outras competências.

A maioria das pessoas é tímida e possui algumas inseguranças, talvez por questões de heranças culturais – o que se evidencia quanto mais voltamos às gerações anteriores. Nossos avós eram mais inseguros e tímidos do que nossos pais. E, como regra geral, nós somos mais tímidos e inseguros do que nossos filhos.

Mas não há de se culpar ninguém por essa situação, uma vez que se trata de uma questão psicológica e social mais ampla e complexa, de causas históricas. O melhor a fazer é tomar consciência desse ponto fraco e se empenhar para minimizá-lo, além de se capacitar cada vez mais a fim de enfrentar as dificuldades naturais da vida. Vale dizer, a propósito, que é bom termos problemas a resolver, pois eles desafiam nossas habilidades e competências. E isso dá um sabor especial à existência, conforme já tem ficado claro neste livro.

Concordam que a vida sem uma suportável dose de problemas para resolver seria monótona, um tanto chata até?

Dois exemplos

Podemos minimizar a timidez e a insegurança com esforço próprio. O conhecimento e o desenvolvimento de competências constituem um importante fator de ajuda para isso, assim como o enfrentamento dos embates da vida.

Cito dois exemplos: o primeiro, de um parente mais chegado, que me confidenciou essa particularidade de sua vida. O segundo, de um amigo de mais de vinte anos.

Vale a pena, no primeiro exemplo, retransmitir suas palavras:

Eu era tão tímido na infância e início de adolescência que fiquei duas semanas com vergonha de entrar na sala na quinta série (por algum tempo houve uma quinta série, como uma espécie de curso preparatório para o então ginásio). Isso porque fui inscrito no curso depois do início das aulas, e fiquei com vergonha de aparecer como novato na frente de cerca de trinta alunos. Também tinha vergonha de andar no corredor do meio de um cinema, vindo da frente para o fundo, com as luzes acesas, pensando que todo mundo fosse olhar para mim. E cabe dizer que sempre tive uma boa aparência física.

No entanto:

Precisando me virar sozinho para progredir nos estudos e nos trabalhos, fui aprendendo a superar a timidez e a insegurança. Acabei por trabalhar em atividades que, com freqüência, me obrigavam a ficar diante de platéias, fazendo apresentações e conduzindo reuniões.

• COMPETÊNCIA, SUCESSO, FELICIDADE

Conseguimos dominar a timidez, mas não eliminá-la. Isso vai ficando evidente quanto mais desenvolvemos e aplicamos competências, o que leva a nos tornarmos autoconfiantes.

Se nos dermos ao trabalho de fazer um levantamento entre as pessoas mais bem-sucedidas na vida, constataremos que a maioria já foi mais tímida e, no fundo, continua sendo. Uma questão cultural, sem dúvida.

No segundo caso trata-se de uma pessoa retraída, comedida na fala, nas atitudes e nos gestos. Mas que – por diversas circunstâncias de vida – teve oportunidade e desenvolveu a capacidade de exercer grande liderança sobre grupos de profissionais do mesmo ramo de atividades e de amigos. Essa liderança é exercida predominantemente com atitudes e ações, com mais manifestações escritas (via internet) do que verbais. Ela organiza grupos, promove reuniões, encontros e eventos, mais agindo do que falando. Enfim, embora muita tímida para falar, para se expor perante platéias, é muito determinada e autoconfiante para agir, para promover atividades. E é muito admirada por isso.

Mesmo sendo tímidos, como se vê, podemos empreender e realizar bastante. E, agindo assim, vamos desenvolvendo a autoconfiança, descobrindo do quanto somos capazes. Constatamos competências e habilidades que possuímos, e desenvolvemos outras.

Portanto, não podemos deixar a timidez e a insegurança inibirem nossas ações de empreendimento e realizações nem impedirem que sejamos mais úteis onde e para quem atuamos, e mais bem-sucedidos na vida.

Enfatizando: desenvolver e aplicar competências, nas diversas situações de vida, é uma forma eficaz de vencer a timidez.

"Não sabendo que era impossível, fui lá e fiz."

ALEKSANDAR MANDIC
Pioneiro da Internet no Brasil

15

Competência e sucesso

> *"Tente não ser um homem de sucessos,*
> *e sim um homem de valores."*
>
> ALBERT EINSTEIN
> Físico alemão

Novamente, adapto aqui uma citação significativa de alguém famoso, ampliando este pensamento de Einstein da seguinte forma: "Tente não ser um homem só de sucessos, mas também um homem de valores".

O sucesso é uma forma de comprovar a competência. É conseqüência da demonstração de valores pessoais e, portanto, pode conviver perfeitamente com estes e com a ética.

Sucesso ao alcance de todos

Se observarmos como as pessoas encaram o sucesso, veremos que grande parte o considera algo difícil de ser atingido. Outra parte acredita que ele depende de sorte.

Qual é o seu caso, leitor?

Agora, você já sabe bem que as competências desenvolvidas e aplicadas têm importante poder de influência no destino, ao menos no que diz respeito a alcançar sucesso na vida.

COMPETÊNCIA, SUCESSO, FELICIDADE

Acreditando que as pessoas possuem e são capazes de desenvolver competências, é possível afirmar que, com oportunidade e vontade de aplicá-las, todas podem ter sucesso, ainda que de características e dimensões diferentes.

O tamanho do sucesso é proporcional ao esforço para estudar e evoluir a fim de alcançar objetivos. Isso é justo, não? Caso contrário, o esforço pessoal não valeria a pena.

Fatores de diferenciação do sucesso

É preciso considerar – e aqui vai uma nova e interessante questão – que *as pessoas são diferentes* em personalidade, histórico de vida, interesses, capacidade de estudar e aprender etc., e desta forma mostram capacidades (ou competências) diferentes para obter sucesso.

Um pouco mais, um pouco menos, todos podem obtê-lo. Seja um operário ou um funcionário administrativo, seja um profissional formado em universidade ou um empresário. Tanto no trabalho, realizando coisas de forma competente e sendo reconhecido e recompensado por isso, quanto na vida social, como bom esportista, bom amigo, bom cidadão, bom chefe de família etc.

Devemos ter em mente também que, com maior aprimoramento escolar e social, que implica desenvolver capacidades e talentos, podemos aumentar nossas possibilidades de chegar ao sucesso.

Conforme já mencionado aqui, sucesso é fruto da junção dos seguintes fatores: aprendizado de vida e nos estudos, vontade de fazer e empenho de fazer bem-feito (competência).

SUCESSO = saber + querer + fazer bem

Isso está ao alcance de todos.

> *"O sucesso a gente obtém com atitudes:*
> *Metas, a gente busca.*
> *Caminho, a gente traça.*
> *Desafio, a gente enfrenta.*
> *Saudade, a gente mata.*
> *Sonho, a gente realiza."*
>
> TOM COELHO
> Palestrante especialista em motivação

16

Competência e felicidade

"Pessoas felizes não acreditam em milagres."

J.W. GOETHE
Escritor e filósofo alemão

Só faltava esta, leitores, relacionar competência com felicidade.

Felicidade é um assunto sobre o qual já se escreveu grande número de livros, artigos e teses. Por duas razões pelo menos. Primeiro, porque é uma das questões mais importantes ligadas à vida de todas as pessoas. Segundo, porque não é fácil alcançá-la e, principalmente, sustentá-la.

Muitas vezes, as pessoas tratam o assunto como se a felicidade fosse uma benção de Deus ou fruto da sorte.

Mas não é bem assim, pois sabemos que são numerosas as situações de vida que nos causam sentimentos opostos ao da felicidade, como sofrimentos, tristeza, angústia, frustrações, desesperanças etc. Nos tópicos seguintes esclareceremos como devemos entender o significado de felicidade.

Será que somos masoquistas?

A música e a literatura, especialmente a poesia, mostram bem certa preferência dos autores por retratar situações contrárias à da felicidade, sugerindo que elas predominam na vida das pessoas e no mundo. Isso mostra como gostamos de falar ou de ouvir falar de sofrimentos e tristezas.

Se bobearmos, corremos dois riscos: um, de nos tornarmos fatalistas, acreditando que viemos ao mundo para sofrer, considerando isso normal; outro, de nos tornarmos masoquistas, de nos acostumarmos a gostar de curtir o sofrimento.

São diversos e constantes os fatos que causam alegria ou tristeza, satisfação ou insatisfação. Assim como são constantes, mas alternados, os momentos ou situações de felicidade ou infelicidade.

O que se pretende com este livro é destacar as possibilidades que temos de aumentar e/ou prolongar os momentos de felicidade, uma felicidade vinda de dentro, da satisfação por nos realizarmos mais como pessoas intelectualmente desenvolvidas e espiritualmente maduras.

Busca ativa da felicidade

Já é possível falar em busca ativa da felicidade. Que, aliás, é uma das sugestões principais deste livro. Devemos desenvolver essa convicção e sair a campo para realizá-la.

O caminho vem sendo mostrado desde as partes introdutórias do livro, que falam da busca por uma vida com mais sentido e significado. Algo que cabe a nós obter, por esforço próprio, no caso da felicidade individual e, por esforço coletivo, no caso de melhorar a condição de vida na sociedade.

A felicidade não se oferece – e o fator sorte não está em cogitação aqui; precisamos buscá-la de alguma ou de várias formas.

Se você tem algum gosto íntimo pelo sofrimento, o tal masoquismo, sugiro pensar se não é melhor rever essa posição e buscar ser o mais feliz que puder. Até por ser mais desafiante. Empenharmo-nos por mais momentos de felicidade torna a vida mais interessante.

Aumentar o tempo de felicidade resulta em aumentar também o tempo de vida. Tem ficado cada vez mais demonstrado pelos estudiosos do assunto a relação que existe entre tristeza e vida mais curta, assim como entre felicidade e vida mais longa.

Colocando na balança

Lembremo-nos de situações que nos causam momentos bons e ruins. Eles são reais em ambos os casos:

Momentos de infelicidade:

- em caso de doenças nossas ou de familiares;
- quando perdemos pessoas queridas;
- quando ficamos inseguros ou intranqüilos;
- se somos agredidos, desrespeitados, desprezados, humilhados;
- quando somos traídos ou enganados;
- se enfrentamos dificuldades econômicas ou sociais;
- quando nos decepcionamos com pessoas ou situações;
- em situações de contrariedades;
- quando não temos sentimentos correspondidos;
- quando sentimos medo;
- quando vemos nosso país mal administrado e em dificuldades etc.

Momentos de felicidade:

- quando superamos dificuldades ocasionais ou fases difíceis da vida;
- quando fazemos bem às pessoas ou à sociedade e somos reconhecidos por isso;

- quando nos divertimos em festas, viagens e passeios;
- sempre que nos saímos bem em provas, concursos e competições;
- quando nós – ou quem amamos – nos recuperamos de problemas de saúde, ou de uma situação econômica e social difícil;
- quando temos sentimentos de amor, físico ou espiritual;
- ao nos deleitarmos com músicas e espetáculos diversos, ou nos recreando de alguma forma;
- quando sentimos que estamos evoluindo, profissional, social ou espiritualmente etc.

A tese central é: a competência pode ter a grande função ou poder de evitar ou diminuir situações negativas de vida, assim como de aumentar as positivas. Em outras palavras, podemos aumentar a quantidade e a durabilidade de momentos de felicidade.

De que maneira?

Relevem a insistência e a ênfase nas possibilidades. À medida que aplicamos mais as competências que já temos e outras que desenvolvemos, podemos: realizar mais coisas, ou seja, nos tornamos mais capazes e úteis; ser melhores e

COMPETÊNCIA, SUCESSO, FELICIDADE

mais bem-sucedidos nos estudos e trabalhos; contribuir mais com alguma organização, com a sociedade ou com o país; ser mais valorizados, admirados e respeitados etc.

E é possível acrescentar, sob um ângulo mais prático, que podemos ainda: obter melhores cargos ou posições no trabalho; aumentar as chances de carreira, ou o número de clientes, se for o caso; e, inclusive, ganhar mais dinheiro.

C.Q.D

Em suma, felicidade tem tudo que ver com realizações e estado de espírito. Há, entre esses dois fatores, uma relação de reciprocidade – um ajuda o outro. Quem realiza mais coisas úteis tende a ter um melhor estado de espírito; e quem vive com melhor estado de espírito realiza mais.

Sabendo, como já é o nosso caso, que com mais competências temos maior capacidade de realizar e empreender, e de resolver problemas da vida, pode-se dizer que quem mais desenvolve e aplica competências aumentará seus momentos de felicidade.

Embora não seja uma formulação matemática, dá vontade de acrescentar o famoso C.Q.D.: como queríamos demonstrar.

Este tema merece duas citações finais:

> *"Felicidade é uma competência essencial."*
>
> EDUARDO GIANNETTI
> Professor, escritor, filósofo

> *"E quando escolhemos ações que levam felicidade e sucesso aos outros, o fruto de nosso carma é a felicidade e o sucesso."*
>
> DEEPAK CHOPRA
> Guru indiano

17

Quando o jeitinho pode ser uma competência positiva

*O jeitinho tem também o seu lado
competente e positivo.*

O jeitinho carrega a fama de ser uma característica dos brasileiros, embora não com exclusividade. E não goza de boa reputação. Em um levantamento de opinião, talvez ele seja visto mais como uma maneira indesejável e até mesmo incompetente de agir.

Mas, quem sabe, possamos melhorar a sua imagem. Mais do que isso, talvez devêssemos melhorar o conceito do jeitinho, pelas razões que veremos em seguida. A atitude de *dar um jeitinho* para solucionar um problema, afinal, pode ser também uma competente e positiva forma de atuar, de agir, de resolver.

O jeitinho (não confundir com esperteza) deveria ser considerado mais uma manifestação de inteligência, de uma capacidade de resolver problemas, do que uma atitude malandra.

Explicações que podem ajudar a entender o comportamento

Jeitinho é uma atitude adotada pela necessidade de se resolver um problema, de se alcançar um objetivo. É, de fato, uma forma de manifestação de inteligência – tendo como definição básica de inteligência a *capacidade de solução de problemas*. Sabe-se, porém, que a inteligência é utilizada para o bem e para o mal. Ademais, nem toda manifestação de inteligência é *objetiva*, *útil* ou *ética*.

O jeitinho resultou num comportamento, até mesmo numa manifestação de cultura, nas cidades ou regiões em que há mais burocracia para dificultar a vida da população, e também onde há mais dificuldades econômicas, o que obriga as pessoas a encontrar saídas para sua sobrevivência.

Os comportamentos de uma pessoa, de um grupo ou de uma sociedade são conseqüência de suas circunstâncias de vida.

Por sua origem, pela formação do povo resultante de várias raças e imigrações, e ainda por sua formação cristã, os brasileiros contam com mais fatores favoráveis a um bom padrão de comportamento ético. Aquela história simplista de relacionar maus comportamentos de brasileiros com a vinda de degredados na comitiva de Pedro Álvares Cabral não resiste a uma análise séria. É lamentável ver muita gente de boa formação escolar acreditar nela.

Como herança do período da colonização, o jeitinho tem mais que ver com a forte burocracia instalada pela corte portuguesa para controlar a colônia e, de modo especial, as capitanias hereditárias.

Dois ou três fatores conjugados prejudicaram o comportamento moral de parte dos brasileiros – especialmente das classes média e rica – e, por desdobramento, a sua imagem.

Explicaremos melhor a seguir.

O jeitinho deteriorado

No Brasil, a deterioração moral começou depois dos anos 1960, mas a situação piorou muito passada a segunda metade da década de 1970. As causas: a piora do comportamento da classe política no fim do regime militar; e o empobrecimento da classe média, num ambiente de muita instabilidade financeira e social, conseqüência dos efeitos da prolongada crise econômica do país.

Nesse período, que corresponde aproximadamente aos últimos 25 anos do século passado, o jeitinho se transformou num comportamento predominantemente pouco ético. Representou um enfraquecimento do organismo social, tal como um enfraquecimento da saúde física.

Em qualquer país do mundo, uma crise semelhante àquela por que passamos recentemente leva a população

COMPETÊNCIA, SUCESSO, FELICIDADE

a degradar seus costumes. Muitos livros e filmes já mostraram isso.

Mas é muito estimulante verificar a crescente quantidade de ONGs e movimentos sociais diversos atuando em favor da recuperação e melhoria do comportamento ético no Brasil.

A tendência é de que o país volte a apresentar um padrão ético melhor, com a estabilização da economia (o que já está acontecendo) e a recuperação do padrão de vida da classe média, somado ao crescente despertar da cidadania.

Bom e mau colesterol

Ainda como forma de entendimento desse comportamento, devemos considerar também que – tal como o colesterol – existem dois tipos de jeitinho: o bom e o mal. E podemos ter maior motivo de satisfação, pois o jeitinho bom – especialmente – é uma característica dos brasileiros, povo inteligente e criativo que reconhecidamente somos.

O jeitinho bom é mais permanente; foi a crise anteriormente citada que o fez pegar a doença da malandragem.

É bem melhor para a auto-estima dos brasileiros ver no jeitinho as muitas manifestações de nossa criatividade e competência: a quantidade de tipos de pizza, as várias formas de fazer e combinar o pão de queijo, e ainda a variedade de pratos ou tipos de refeições que são criadas aqui. Além da quantidade de ritmos musicais e formas de danças de que dispomos, a variedade de arquitetura que nossos especialistas desenvolvem etc. Para não falar da criatividade que faz do nosso futebol, senão o melhor, com certeza o mais bonito do mundo. E para não falar, também, das continuadas variações de temas e enredos, todos os anos, das muitas dezenas de escolas de samba das diversas regiões do país.

Só não chamamos toda essa criatividade positiva de "dar um jeitinho" porque a expressão infelizmente carrega uma conotação negativa. Na verdade, poderíamos até introduzir a expressão "dar um jeitão" em muitas das grandes soluções engenhosas.

A esperteza é, por outro lado, uma faceta negativa do jeitinho – mais propensa a desagradar as pessoas. É o colesterol ruim, pois está embutida no significado de esperteza a idéia de levar vantagem. Foi bastante evidenciada após o comercial de televisão apresentado pelo ex-craque de futebol Gerson, que, por sinal, teve sua vida prejudicada por valorizar, em comercial de TV, a expressão "ser esperto".

Mesmo a malandragem – comportamento mais negativo – já teve momentos melhores em tempos mais amenos. A figura do Zé Carioca das revistas em quadrinhos mostra isso.

Variações do comportamento em diferentes regiões

Talvez se possa dizer que a intensidade ou freqüência do comportamento e o grau de incorreção (para não dizer desonestidade) das atitudes variam entre países e/ou entre regiões, em função dos seguintes fatores principais:

I) Número e grau de dificuldades que as pessoas encontram para resolver suas questões mais comuns. A burocracia no Brasil é tão grande que estimula as pessoas a encontrar saídas para resolver seus problemas.

II) Maior ou menor apego aos princípios religiosos da maioria das pessoas.

III) Maior ou menor rigor nas punições aos desvios de comportamento cometidos pelas autoridades e pela sociedade. Aqui, sim, temos em nosso país um ponto terrivelmente fraco.

IV) Maior ou menor nível de desenvolvimento educacional da população considerada.

Outros fatores, como condição cultural (índios ou povos que vivem mais isolados têm comportamentos mais "puros"), tamanho da cidade, origem da população etc., podem influenciar a freqüência e o grau de ousadia nas atitudes de esperteza.

Com base nisso tudo, não é aconselhável fazer julgamentos ou generalizações sobre essas duas formas de comportamento. Especialmente no Brasil, país grande, com diferentes padrões de riqueza e diversas formações culturais, e ainda variadas crenças e apego a religiões.

Ver com bons olhos

É isso aí, leitores. Se quisermos, podemos ver o lado bom das coisas, mesmo das que perderam prestígio. Sabemos que sempre há o lado bom; quem sabe seja o caso de aprendermos a lhe dar mais atenção e a falar dele também. Significa dizer que talvez devamos ser mais otimistas e menos negativistas. Só temos a ganhar com isso.

E um aspecto a mais: deveríamos atentar para o fato de que os mesmos ingredientes empregados no jeitinho e na esperteza, as habilidades pessoais de *criatividade*, de *iniciativa* e de *saber resolver problemas* são empregados também nas atitudes e comportamentos considerados normais.

Como disse Jonathan Swift, escritor anglo-irlandês: "Visão é a arte de ver coisas invisíveis". Ou até aquelas só meio invisíveis.

18
Cidadania competente

• COMPETÊNCIA, SUCESSO, FELICIDADE

*"Cidadania significa fazer diferença
em sua comunidade, em sua sociedade, em seu país.
Cidadania significa a disposição para viver,
ao invés de morrer, pelo seu país."*

PETER DRUCKER
Um dos mais importantes teóricos da administração

Com este importante assunto, fecho o "enredo" deste livro, com a particularidade de conter muitas citações bonitas e positivas.

Faltava examinar o significado de uma cidadania competente, pois trata-se de um dos fatores fundamentais para o progresso de um país, para que ele mostre sua competência.

E é interessante atentar para esta reciprocidade: a cidadania ajuda o país a evoluir e a evolução do país favorece o fortalecimento da cidadania. Em país pobre e com baixo nível educacional, é difícil desenvolver espírito e atitudes cidadãs.

A cidadania também precisa modernizar-se

Já é tempo de grande parte das manifestações de cidania deixar de ser excessivamente reivindicadora, lamentadora e, por que não dizer, irritadiça. Ainda que possa haver explicações históricas para isso. Trata-se de um comportamento socialmente importante e próprio da democracia. Mas ela também precisa modernizar-se no Brasil.

Embora estejamos escaldados com tantas frustrações e decepções, é melhor que mudemos de uma atitude de lamentações para outra de ação e de resultados práticos. Melhorar a sociedade está mais em nossas mãos do que nas dos governos.

Em vez de ver as frustrações e decepções como motivo de desânimo, será melhor tê-las como inspiração para o fortalecimento do espírito de cidadania, e como motivação para mostrar nossos valores de criatividade e de competência para resolver problemas. Valores como tantos brasileiros estão mostrando nas empresas, nas artes, no jornalismo, na ciência, nos esportes. E também em muitas ONGs.

A fim de fortalecer nossa crença e autoconfiança, busquemos um pouco de inspiração nas seguintes frases:

> *"Aquilo que pedimos aos céus as mais das vezes encontra-se em nossas mãos."*
>
> WILLIAM SHAKESPEARE
> Escritor e dramaturgo inglês

*"A natureza está pronta a nos ajudar,
desde que façamos a nossa parte."*

MAX FREEDOM LONG
Escritor espiritualista

Convergência e objetividade

Será melhor para o desenvolvimento do país que a cidadania se mostre cada vez mais positiva e empreendedora, de cara nova, e que vá deixando para trás uma postura predominantemente crítica e de lamentação.

Será melhor construir uma cidadania mais madura e competente, na medida em que ela representa o poder de um povo que pretende ser ético, organizado e que busca a melhoria da sociedade, fazendo o que os governos não podem, mas também o que não sabem ou não se dispõem a fazer.

A sociedade precisa evoluir para condicionar a atuação dos governantes, os quais, de sua parte, precisam governar mais entrosados com a sociedade. Dessa forma, a democracia sairá fortalecida.

Os movimentos e ações de cidadania devem buscar, cada vez mais, uma atuação de *convergência* e *objetividade*. É necessária maior soma de esforços e mais praticidade nos movimentos da sociedade. Progressos já foram feitos neste sentido, contudo ainda insuficientes para nossa pressa e a quantidade de problemas que temos a resolver.

É ela, a cidadania fortalecida, positiva e empreendedora, que vai, de fato, fazer nosso gigante – que já começa a se levantar do berço esplêndido – a voltar-se mais decididamente ao progresso. Em todos os sentidos.

Há um grande número de iniciativas de cidadania organizada – o que já é um ótimo começo –, mas grande parte ainda muito voltada para ações paternalistas. Paternalismo, em liderança e cidadania, não ajuda o desenvolvimento; é uma forma de agir *deseducativa*, que acostuma mal a quem se beneficia com ela.

Aqui, aplica-se aquela famosa frase: "Em vez de dar o peixe, ensine a pescar".

Fiquemos com mais esta mensagem:

"A verdadeira política só é viável
a partir da idéia de cidadania."

GILBERTO DUPAS
Economista, professor e escritor

• COMPETÊNCIA, SUCESSO, FELICIDADE

Três fases da cidadania

É possível falar de três fases de evolução do comportamento da cidadania no Brasil:

■ A primeira caracteriza-se como a fase da reivindicação de direitos. A maioria dos movimentos de cidadania voltava-se a cobrar "direitos dos cidadãos". O conceito de cidadania predominante nos dicionários, aliás, fala muito de *direitos* e pouco de *deveres*. Essa fase predominou nos primeiros anos pós-redemocratização do país (1980/95).

■ Seguiu-se uma fase (cerca de uma década antes de 2005) em que as manifestações e práticas de cidadania visavam três objetivos principais: i) ações de ajuda a comunidades carentes; ii) ações direcionadas à preservação do meio ambiente; iii) ações voltadas a reclamações contra abusos, muito estimuladas com a criação do Procon. Verifica-se aqui maior ênfase em *deveres*. Os itens ii e iii constituem grandes progressos da cidadania.

■ Uma terceira fase – que constitui uma significativa evolução – está em andamento e precisa ser intensificada. Chamada aqui e agora de *cidadania de última geração*, é empreendedora, promotora de fatos positivos. Uma cidadania de resultados, mais participativa, mais otimista e mais alegre, ao jeito do brasileiro.

Vejam, leitores, que informação positiva: temos no Brasil cerca de trezentas mil organizações não-governamentais praticando variadas formas de cidadania, embora a maioria ainda faça parte da primeira e da segunda (item i) fases.

Realização e alegria de viver

Talvez seja uma boa idéia: fazer da prática da cidadania mais uma forma de tornar a vida mais interessante.

Cada vez mais, as pessoas tomam consciência de que há várias formas de tornar a vida mais útil e produtiva – algo que este livro destaca e valoriza bastante. Estamos aprendendo a separar o prazer do trabalho do prazer da diversão; trabalho e participação social podem proporcionar também satisfação e alegrias.

O trabalho é muito mais do que um meio de ganhar dinheiro para comprar roupas, alimentar e divertir. Vale a pena dizer de novo: *é principalmente no trabalho que colocamos em prática as coisas mais importantes que aprendemos na vida e na escola. É no trabalho que mais aplicamos os diversos conhecimentos e habilidades que desenvolvemos.*

O trabalho útil e em prol de objetivos importantes para a sociedade é uma das mais importantes formas de obter satisfação na vida. E uma das mais importantes formas de manifestação de cidadania.

À medida que a democracia evolui, as pessoas têm mais chances de se realizar, de mostrar seus valores pessoais e profissionais, quase sempre por meio de algum tipo de trabalho.

Fiquemos, para terminar, com estas belas afirmativas do escritor norte-americano Donald Miller, a respeito do valor do trabalho:

"É a atividade na qual aprendemos a viver."

"Uma maneira de ganhar valor perante o mundo."

"Uma oportunidade de utilizar e desenvolver competências e habilidades."

"É a atividade na qual construímos nossa auto-estima."

Última mensagem

*"A melhor forma de apostar no futuro
é fazê-lo brotar no presente."*

Juscelino Kubitschek de Oliveira
Ex-presidente do Brasil

Bibliografia

AIDAR, Marcelo Marinho. *Qualidade humana*. São Paulo: Maltese, 1995.

ANTUNES, Celso. *Casos, fábulas, anedotas ou inteligências, capacidades, competências*. Rio de Janeiro: Vozes, 2003.

BLANCHARD, Ken; CARLOS, John P.; RANDOLPH, Alan. *Empowerment*. Rio de Janeiro: Objetiva, 1996.

BLANCK, Warren. *The 108 skills of natural born leaders*. Nova York: Amacon, 2001.

BOOG, Gustavo G. *O desafio da competência*. Rio de Janeiro: Best-Seller, 1991.

BROWN, Phillip; HESKETH, Anthony. *The mismanagement of talent*. Nova York: Oxford University Press, 2004.

CHIAVENATO, Idalberto. *Construção de talentos*. Rio de Janeiro: Campus, 2002.

CORTELLA, Mário Sérgio. *Não nascemos prontos*. Rio de Janeiro: Vozes, 2006.

DIVERSOS autores. *Gerenciar no limite*. Rio de Janeiro: Qualitymark, 2000.

DIVERSOS autores. *Tempo de convergir*. São Paulo: Gente, 2003.

DRUCKER, Peter F. *Administrando para o futuro*. São Paulo: Pioneira, 1992.

FIGUEIREDO, José Carlos. *O ativo humano na era da globalização*. São Paulo: Negócio Editora, 1999.

FLEURY, Afonso; FLEURY, Maria Tereza Leme. *Estratégias empresariais e formação de competências*. São Paulo: Atlas, 1999.

GALBRAITH, Jay R.; LAWLER, Edward E. & Associados. *Gerenciando para competir no futuro*. São Paulo: Makron Books, 1995.

GIANNETTI, Eduardo. *Felicidade*. São Paulo: Companhia das Letras, 2002.

GOLDSMITH, Marshall; LYONS, Laurence; FREAS, Alyssa. *Coaching, o exercício da liderança*. Rio de Janeiro: Campus, 2003.

GOLEMAM, Daniel. *Inteligência emocional*. Rio de Janeiro: Objetiva, 1995.

GREEN, Paul C. *Desenvolvendo competências consistentes*. Rio de Janeiro: Qualitymark, 2000.

GUILLEBAUD, Jean-Claude. *A reinvenção do mundo*. Rio de Janeiro: Bertrand Brasil, 2003.

HATAKEYAMA, Yoshio. *A revolução dos gerentes*. Belo Horizonte: Fundação Christiano Ottoni, 1995.

HUNTER, James C. *O monge e o executivo*. Rio de Janeiro: Sextante, 1998.

JOHNSON, Mike. *Vencendo a guerra da caça aos talentos*. São Paulo: Prentice Hall, 2004.

KATZENBACH, Jon R. *Os verdadeiros líderes da mudança*. Rio de Janeiro: Campus, 1996.

LAMA, Dalai; CUTLER, Howard C. *A arte da felicidade*. São Paulo: Martins Fontes, 2000.

LEBOYER, Claude Levy. *Gestión de las competencias*. Barcelona: Gestión, 2000.

MATOS, Jorge; PORTELA, Vânia. *Talento para a vida*. Rio de Janeiro: Human Learning, 2001.

MEGGINSON, David; WHITAKER, Vivien. *Cultivating self-development*. Londres: IPD House, 1996.

MINARELLI, Augusto. *Empregabilidade*. São Paulo: Gente, 1996.

MORAES, Antônio Ermírio. *Somos todos responsáveis*. São Paulo: Gente, 2007.

MOURA, Ana Rita de Macedo; CARVALHO, Maria do Carmo N. de. *Libere sua competência*. Rio de Janeiro: Qualitymark, 1999.

MUSSAK, Eugênio. *Metacompetência*. São Paulo: Gente, 2003.

NAISBITT, John; ABURDENE, Patrícia. *Megatrends 2000 – Dez novas tendências de transformação da sociedade nos anos 90*. São Paulo: Amana-Key, 1990.

OLIVEIRA, Jayr Figueiredo de; MARINO, Robson M. *Liderança, uma questão de competência*. São Paulo: Saraiva, 2005.

OLIVEIRA, Maria Amélia V. *Pilotando bem sua vida com competência emocional*. São Paulo: O Nome da Rosa, 1998.

OLIVER, Richard N. *Como serão as coisas no futuro*. São Paulo: Negócio Editora, 1999.

PETER, Laurence J. *A competência ao alcance de todos*. Rio de Janeiro: José Olympio, 1994.

POSNER, Kouzes. *O desafio da liderança*. Rio de Janeiro: Campus, 2002.

PRAHALAD, C. K. *Competindo pelo futuro*. 19. ed. Rio de Janeiro: Atlas, 2005.

RAPPAPORT, Clara Regina; FIORI, Wagner da Rocha; DAVIS, Cláudia. *Teorias do desenvolvimento*. São Paulo: EPU, 1981.

RESENDE, Enio. *Compreendendo seu CHA: conheça o perfil de Competências, Habilidades e Aptidões de seu cargo ou profissão*. São Paulo: Summus, 2008a.

_____. *A força e o poder das competências*. Rio de Janeiro: Qualitymark, 2005.

_____. *O livro das competências*. Rio de Janeiro: Qualitymark, 2000.

_____. *O papel dos empresários no desenvolvimento do Brasil*. São Paulo: Summus, 2008b

_____. *As 4 principais lideranças da sociedade e suas competências*. São Paulo: Summus, 2008c.

_____. *Remuneração e carreira baseadas em competências e habilidades*. Rio de Janeiro: Qualitymark, 1999.

ROBBINS, Stephen P. *Comportamento organizacional*. São Paulo: Pearson do Brasil, 2005.

SILVA, Osires. *Cartas a um jovem empreendedor*. Rio de Janeiro: Elsevier, 2006.

SOUZA, César. *Você é do tamanho dos seus sonhos*. São Paulo: Gente, 2006.

SPENCER, Jr; LYLE, M.; SPENCER, Signe M. *Competence at work*. Nova York: John Wiley and Sons, 1993.

SWAN, William S. *Como escolher a pessoa certa para o lugar certo*. São Paulo: Maltese, 1992.

TERRA, José Cláudio Cyrineu. *Gestão do conhecimento e e.learning na prática*. São Paulo: Negócio Editora, 2003.

TULGAN, Bruce. *Managing generation X*. Amherst Road: HRD Press, 1997.

_____. *Winning the talent wars*. Nova York: W.W. Norton & Company, 2001.

TULKU, Tarthang. *O caminho da habilidade*. São Paulo: Cultrix, 1978.

TZU, Sun. *A arte da guerra*. São Paulo: Martin Claret, 2006.

ZANGWILL, Willard I. *Sucesso com as pessoas*. Rio de Janeiro: Record, 1981.

ZARIFIAN, Philippe. *Objetivo competência*. São Paulo: Atlas, 1999.

IMPRESSO NA

sumago gráfica editorial ltda
rua itauna, 789 vila maria
02111-031 são paulo sp
telefax 11 **6955 5636**
sumago@terra.com.br

G R Á F I C A
sumago

------------------------ dobre aqui ------------------------

CARTA-RESPOSTA
NÃO É NECESSÁRIO SELAR

O SELO SERÁ PAGO POR

AC AVENIDA DUQUE DE CAXIAS
01214-999 São Paulo/SP

------------------------ dobre aqui ------------------------

COMPETÊNCIA, SUCESSO, FELICIDADE

summus editorial

CADASTRO PARA MALA-DIRETA

Recorte ou reproduza esta ficha de cadastro, envie completamente preenchida por correio ou fax, e receba informações atualizadas sobre nossos livros.

Nome: _____ Empresa: _____
Endereço: ☐ Res. ☐ Coml. _____ Bairro: _____
CEP: _____-_____ Cidade: _____ Estado: _____ Tel.: ( ) _____
Fax: ( ) _____ E-mail: _____
Profissão: _____ Professor? ☐ Sim ☐ Não Disciplina: _____ Data de nascimento: _____

1. Você compra livros:
☐ Livrarias ☐ Feiras
☐ Telefone ☐ Correios
☐ Internet ☐ Outros. Especificar: _____

2. Onde você comprou este livro? _____

3. Você busca informações para adquirir livros:
☐ Jornais ☐ Amigos
☐ Revistas ☐ Internet
☐ Professores ☐ Outros. Especificar: _____

4. Áreas de interesse:
☐ Educação ☐ Administração, RH
☐ Psicologia ☐ Comunicação
☐ Corpo, Movimento, Saúde ☐ Literatura, Poesia, Ensaios
☐ Comportamento ☐ Viagens, Hobby, Lazer
☐ PNL (Programação Neurolinguística)

5. Nestas áreas, alguma sugestão para novos títulos?
_____

6. Gostaria de receber o catálogo da editora? ☐ Sim ☐ Não
7. Gostaria de receber o Informativo Summus? ☐ Sim ☐ Não

Indique um amigo que gostaria de receber a nossa mala direta

Nome: _____ Empresa: _____
Endereço: ☐ Res. ☐ Coml. _____ Bairro: _____
CEP: _____-_____ Cidade: _____ Estado: _____ Tel.: ( ) _____
Fax: ( ) _____ E-mail: _____
Profissão: _____ Professor? ☐ Sim ☐ Não Disciplina: _____ Data de nascimento: _____

Summus Editorial
Rua Itapicuru, 613 7° andar 05006-000 São Paulo - SP Brasil Tel. (11) 3872-3322 Fax (11) 3872-7476
Internet: http://www.summus.com.br e-mail: summus@summus.com.br